Nikola Eterović

# Synodalität: neue Dynamik

## Vorschläge für die weitere Entwicklung der Synode der Bischöfe

Impressum

**Synodalität: neue Dynamik**

Vorschläge für die weitere Entwicklung
der Synode der Bischöfe

von Nikola Eterović

Ausgabe: März 2017

ISBN: 978-3-945462-51-5

Adlerstein Verlag - www.adlerstein-verlag.de

Coverbild: Arthur J. Elser (www.arthur-elser.de)

INHALTSVERZEICHNIS Seite

„In einer synodalen Kirche ist die Bischofssynode nur der sichtbarste Ausdruck einer Dynamik der Gemeinschaft, die alle kirchlichen Entscheidungen inspiriert. ....

Der Wunsch des Konzils, diese Organismen könnten zu einer Stärkung der Mentalität bischöflicher Kollegialität beitragen, hat sich noch nicht völlig erfüllt. Wir sind auf halbem Wege, auf einem Teil des Weges“[1].

Papst Franziskus

## Einführung

Vom 30. Juni bis 3. Juli 2016 fand in Berlin die jährliche Versammlung der Generalsekretäre der Europäischen Bischofskonferenzen (CCEE) zum Thema *Das Jahr der Barmherzigkeit – Erfahrungen der Solidarität* statt. Der Generalsekretär der CCEE, Mons. Duarte da Cunha, hat mich eingeladen, im Verlauf der Versammlung einige Reflexionen zum Thema *Eine neue synodale Dynamik* vorzustellen. Nachdem ich diese Einladung gerne angenommen hatte, bereitete ich einen kurzen Vortrag vor, der jetzt für die Veröffentlichung erweitert worden ist. Die Einladung war, so denke ich, mit meiner Erfahrung als Generalsekretär der Bischofssynode vom 13. Februar 2004 bis 27. September 2013 begründet. In dieser Zeit hatte ich die Ehre, mit dem Heiligen Papst Johannes Paul II., mit Papst em. Benedikt XVI. und sechs Monate mit dem Heiligen Vater Franziskus zusammenzuarbeiten. In meiner Reflexion beziehe ich mich auf dieses synodale Erfahrung, die ich in der Zusammenarbeit mit den Bischöfen von Rom bei der Organisation von fünf Synodenversammlungen gemacht habe: bei drei ordentlichen Generalversammlungen in den Jahren

2005, 2008 und 2012 wie auch bei den Spezialversammlungen für Afrika im Jahre 2007 und für den Mittleren Osten im Jahre 2010.

Die Überlegungen haben vier Teile. Der erste Teil (I) widmet sich den Grundbegriffen: Gemeinschaft, bischöfliche Kollegialität und Synodalität. Um in angemessener Weise über die Synodalität in der Katholischen Kirche sprechen zu können, ist es notwendig, einige der grundlegenden Begriffe zu präzisieren und insbesondere den Kontext zur Synodalität aufzuzeigen. Zunächst ist nötig, die Gemeinschaft als Fundament des kirchlichen Lebens aufzuzeigen (1). Als zweites muss kurz über den Bereich der bischöflichen Kollegialität gesprochen werden (2). Auf diese Weise werden die Konturen der Reflexion über die Synodalität klarer (3). Im zweiten Kapitel (II) liegt das Augenmerk auf der Entwicklung der Synodalität in der Kirche. Hierzu werden die ökumenischen Konzilien aufgezeigt (1), die Diözesansynoden (2), die synodalen Einrichtungen der letzten 50 Jahre (3) und besonders die Beziehungen zwischen den ökumenischen Konzilien und der Synode der Bischöfe (4) als hervorragender Ort der Gemeinschaft, der Kollegialität und der Synodalität in der

Kirche. Nach einer knappen Darstellung der Natur der Bischofssynode im dritten Kapitel (III) werden die allgemeinen und besonderen rechtlichen synodalen Normen in Erinnerung gerufen (1) und die drei Formen der synodalen Versammlung erläutert (2). Im vierten Kapitel (IV) werden abschließend einige Vorschläge für die weitere Entwicklung der Synode der Bischöfe vorgestellt, die eine erneuerte synodale Dynamik zum Ausdruck bringen. Nachdem an die Entwicklung der synodalen Methodologie erinnert wurde (1), werden Vorschläge zur Erneuerung der außerordentlichen Generalversammlung (2) und der ordentlichen Generalversammlung (3) sowie der Spezialversammlungen (4) und der Synodenräte (5) vorgelegt. Es wird eine bessere Koordination zwischen dem Kardinalskollegium und der Bischofssynode erwartet (6), worauf einige Betrachtungen zur möglichen Entscheidungsgewalt folgen (7).

## *I. Betrachtung über die Grundbegriffe: Gemeinschaft – Kollegialität – Synodalität*

Das Ziel der Synodalität besteht darin, die Gemeinschaft in der Kirche zu stärken, einer hierarchischen Gemeinschaft, in der auf verschiedene Weise die Vertreter des ganzen Volkes Gottes teilhaben. Eine unersetzbare Aufgabe aber haben die Bischöfe, die Nachfolger der Apostel, in Gemeinschaft mit dem Bischof von Rom, dem Nachfolger des Heiligen Petrus und Hirten der Universalkirche.

### *1. Die kirchliche Gemeinschaft*

Der Begriff Gemeinschaft – communio – κοινωνία – findet sich in der Heiligen Schrift, im Neuen Testament, ausdrücklich in den Briefen des Heiligen Paulus und des Heiligen Johannes. Ohne in die Detailanalyse der Texte zu gehen,[2] sei an zwei sehr bekannte Stellen erinnert. In der Apostelgeschichte beschreibt der Heilige Lukas die christliche Urgemeinde: „Sie hielten an der Lehre der Apostel fest und an der Gemeinschaft, am Brechen des Brotes und an den Gebeten" (Apg 2,42).

Im 1. Johannesbrief heißt es: „... damit auch ihr Gemeinschaft mit uns habt. Wir aber haben Gemeinschaft mit dem Vater und mit seinem Sohn Jesus Christus" (1 Joh 1,3). Mit dem Begriff der Gemeinschaft verbindet man zugleich eine geistliche Kategorie, die Einheit im Glauben mit dem Herrn Jesus durch die Gnade des Heiligen Geistes, wie auch eine sichtbare Dimension, eine soziale Gestalt, die in der liturgischen Versammlung Form annimmt, besonders in der Feier der Eucharistie. Diesbezüglich spielt der Begriff in den Dokumenten des Zweiten Vatikanischen Konzils eine wichtige Rolle. So kommt er zum Beispiel in der Dogmatischen Konstitution *Lumen gentium* 40 mal vor, einschließlich der achtmal in der *Nota explicativa praevia (Erläuternde Vorbemerkungen)*, in der auch der Inhalt präzisiert wird. Zur Gemeinschaft wird ausgeführt: „Man versteht darunter nicht irgendein unbestimmtes Gefühl, sondern eine organische Wirklichkeit, die eine rechtliche Gestalt verlangt und zugleich von der Liebe beseelt ist. Daher hat die Kommission fast mit Stimmeneinheit zu formulieren beschlossen: ‚in hierarchischer Gemeinschaft'"[3].

Der Begriff Gemeinschaft – Kirche als Gemeinschaft – ist sehr wichtig beim II. Vatikanischen Konzil. Er ist gleichsam der gemeinsame Nenner der Konzilsdokumente, wie die zweite außerordentliche Generalversammlung der Bischofssynode unterstrichen hat. Sie fand aus Anlass des 20. Jahrestages des Abschlusses des Zweiten Ökumenischen Vatikanischen Konzils statt. Im Abschlussbericht wird erklärt, dass „die Ekklesiologie der Gemeinschaft die zentrale und fundamentale Idee in den Dokumenten des Konzils“[4] ist. In der Folge werden einige Schattierungen von Gemeinschaft beschrieben. Als erstes wird sie als das theologische Fundament des christlichen Lebens bezeichnet, das in der „Gemeinschaft mit Gott durch Jesus Christus im Heiligen Geist“[5] besteht. Die Gemeinschaft baut sich auf der Grundlage des Wortes Gottes und der Sakramente auf und kann daher nicht auf Fragen der Organisation oder Macht reduziert werden. Als nächstes befördert die Ekklesiologie der Gemeinschaft das Fundament der Einheit und der Vielfalt im Leben der Kirche. Die kirchliche Gemeinschaft zeigt sich mit Petrus und seinen Nachfolgern als wahres und eigentliches „prophetisches Zeichen einer vollendedeten Einheit" und unterscheidet sodann zu Recht die Vielfalt vom reinen Pluralismus. „Wenn die Vielfalt wahrer Reichtum ist und mit sich die Fülle führt, ist dies wahre Katholizität. Dagegen führt der Pluralismus fundamental gegensätzlicher Positionen zur Auflösung, Zerstörung und Verlust der Identität"[6].

Die Ekklesiologie der Gemeinschaft wird sodann als wahres sakramentales Fundament der bischöflichen Kollegialität dargestellt. So geht der kollegiale Geist weit über die effektive Kollegialität hinaus, wie sie rein rechtlich verstanden wird. Das kollegiale Wirken impliziert das Handeln des ganzen Kollegiums, gemeinsam mit seinem Haupt, der ganzen Kirche also, und bekommt daher „ihren höchsten Ausdruck in einem ökumenischen Konzil".[7] Aber es gibt verschiedene Sonderformen der Verwirklichung, die authentische Zeichen und Instrumente des kollegialen Geistes sind. Hierunter fallen die Bischofskonferenzen und die Synode der Bischöfe.

Im Lehrschreiben *Communionis notio* der Kongregation für die Glaubenslehre an die Bischöfe der katholischen Kirche „über einige Aspekte der Kirche als comunio" wird auf die erwähnte synodale Beziehung Bezug genommen.[8] In diesem Dokument der Kongregation für die Glaubenslehre wird der Begriff der Gemeinschaft vertieft. Unter anderem wird seine Geltung in den Beziehungen zwischen den Ortskirchen der Katholischen Kirche präzisiert. Hierzu heißt es: „Soll der Begriff Communio, der nicht eindeutig ist, als ekklesiologischer Interpretationsschlüssel dienen können, muß er innerhalb der biblischen Lehre und der patristischen Tradition verstanden werden, wo die Gemeinschaft immer eine zweifache Dimension umfaßt: die vertikale (Gemeinschaft mit Gott) und die horizontale (Gemeinschaft der Menschen)“[9]. Von diesem Grundverständnis aus geht das Lehrschreiben weiter, die Beziehung der Universalkirche und der Ortskirchen zu analysieren und stellt folgendes Prinzip auf: „Die Gesamtkirche ist demnach der Leib der Kirchen (vgl. LG 23). Darum kann der Begriff der Communio analog auch auf die Vereinigung der Teilkirchen angewandt und die Gesamtkirche als eine Gemeinschaft von Kirchen verstanden werden“[10]. In der analogen Anwendung des Begriffs der Gemeinschaft im kirchlichen Kontext unterstreicht der Text, dass diese „Einheit oder Gemeinschaft der Teilkirchen in der Gesamtkirche außer in demselben Glauben und der gemeinsamen Taufe vor allem in der Eucharistie und im Bischofsamt verwurzelt ist"[11]. Dieser Satz macht klar, wie wichtig die Feier der Eucharistie im bischöflichen Dienst ist, jenes Sakramentes, das Quelle und Höhepunkt des Lebens und der Sendung der Kirche ist. Hierin wird die Gemeinschaft der Gläubigen mit ihrem Bischof und über ihn mit dem Bischof von Rom sichtbar, der als „ein immerwährendes und sichtbares Prinzip und Fundament der Glaubenseinheit und der Gemeinschaft eingesetzt" worden ist.[12]

## 2. *Die bischöfliche Kollegialität*

Der Begriff *Kollegialität* oder *Kollegium* findet sich nicht in der Bibel. Sein Inhalt aber ist in den Büchern des Neuen Testamentes gegenwärtig. Es genügt, an die Wahl der zwölf Apostel durch Jesus zu erinnern: „Dann rief er seine zwölf Jünger zu sich und gab ihnen die Vollmacht, die unreinen Geister auszutreiben und alle Krankheiten und Leiden zu heilen" (Mt 10,1).[13] Sie folgen Jesus im Verlauf seines öffentlichen Wirkens und erfüllen die Sendung, die er ihnen aufträgt. So war beispielsweise zu der Hochzeit in Kana

„Jesus mit seinen Jüngern“ (Joh 2,2) eingeladen. Jesus sandte seine Jünger sodann mit genauen Anweisungen aus: „Geht und verkündet: Das Himmelreich ist nahe. Heilt Kranke, weckt Tote auf, macht Aussätzige rein, treibt Dämonen aus! Umsonst habt ihr empfangen, umsonst sollt ihr geben“ (Mt 10,7-8). Indem er das Kollegium der Zwölf einsetzte, wollte Jesus eine feste und stabile Gruppe von Jüngern installieren, die er von diesem Zeitpunkt an *die Zwölf* nannte (z.B. Mt 10,5; Mk 3,14.16; Lk 6,13; Joh 6,67.70.71; Apg 6,2; 1 Kor 15,5). Die Zwölfzahl nimmt Bezug auf die zwölf Stämme Israels, auf das neue Volk Gottes, das Jesus bilden will. Auf die Frage des Petrus, welchen Lohn jene erhalten, die alles verlassen haben, um ihm zu folgen, antwortet der Meister: „Amen, ich sage euch: Wenn die Welt neu geschaffen wird und der Menschensohn sich auf den Thron der Herrlichkeit setzt, werdet ihr, die ihr mir nachgefolgt seid, auf zwölf Thronen sitzen und die zwölf Stämme Israels richten“ (Mt 19,27-28). Offensichtlich nimmt im Kollegium der Zwölf Simon Petrus einen besonderen Platz ein (vgl. Mt 16,16-19). Nachdem er im Namen der anderen das Bekenntnis abgelegt hatte: „Du bist der Messias, der Sohn des lebendigen Gottes" (Mt 16,16), hat ihm der Herr Jesus einen besonderen Dienst mit den Worten anvertraut: „Ich aber sage dir: Du bist Petrus und auf diesen Felsen werde ich meine Kirche bauen und die Mächte der Unterwelt werden sie nicht überwältigen. Ich werde dir die Schlüssel des Himmelreichs geben; was du auf Erden binden wirst, das wird auch im Himmel gebunden sein, und was du auf Erden lösen wirst, das wird auch im Himmel gelöst sein" (Mt 16,18-19). Für den Begriff der Kollegialität ist es sehr wichtig, dass Jesus Christus auch den übrigen Aposteln eine ähnliche Binde- und Lösegewalt gegeben hat: „Amen, ich sage euch: Alles, was ihr auf Erden binden werdet, das wird auch im Himmel gebunden sein und alles, was ihr auf Erden lösen werdet, das wird auch im Himmel gelöst sein" (Mt 18,18; vgl. auch Mt 28,16-20).

Die Nachfolge Jesu und die Zeugenschaft seiner Auferstehung sind die unverzichtbaren Bedingungen, um Teil der zwölf Apostel zu sein. Tatsächlich folgen die Apostel diesen Kriterien bei der Wahl, die Judas ersetzt hat: „Einer von den Männern, die die ganze Zeit mit uns zusammen waren, als Jesus, der Herr, bei uns ein und aus ging, angefangen von der Taufe durch Johannes bis zu dem Tag, an dem er von uns ging und (in den Himmel) aufgenommen wurde, – einer von diesen muss nun zusammen mit uns Zeuge seiner Auferstehung sein" (Apg 1,21-22). Sehr klar und deutlich wird das gemeinsame Wirken der Zwölf als Kollegium beim sogenannten Konzil von Jerusalem (vgl. Apg 15,1-35).

Gegründet auf das Wort Gottes und die lebendige Tradition der Kirche hat das II. Vatikanische Konzil in der Dogmatischen Konstitution *Lumen gentium* der bischöflichen Kollegialität besondere Aufmerksamkeit gewidmet. Besonders wichtig sind hierbei die Nummer 22 *Das Kollegium der Bischöfe und sein Haupt* und die Nummer 23 *Die wechselseitigen Beziehungen des bischöflichen Kollegiums*. Ohne in die Detailanalyse einzutreten, ist es angebracht, an die Definition des Bischofskollegiums zu erinnern: „Wie nach der Verfügung des Herrn der heilige Petrus und die übrigen Apostel ein einziges apostolisches Kollegium bilden, so sind in entsprechender Weise der Bischof von Rom, der Nachfolger Petri, und die Bischöfe, die Nachfolger der Apostel, untereinander verbunden."[14] Um das

Thema der bischöflichen Kollegialität zu vertiefen, ist außerdem eine Lehraussage wichtig, die bei der ersten außerordentlichen Versammlung der Bischofssynode vom 11. bis 28. Oktober 1969 gemacht wurde.[15] Bedeutsam ist auch das nachsynodale Apostolische Schreiben *Pastores gregis* des Heiligen Vaters Johannes Pauls II. vom 16. Oktober 2003. In diesem Dokument wird unter anderem der Unterschied zwischen der affektiven und effektiven Kollegialität dargestellt: „Die kollegiale Gesinnung oder affektive Kollegialität (*collegialitas affectiva*) besteht somit unter den Bischöfen als *communio episcoporum* immer, sie äußert sich aber nur in einigen Handlungen als effektive Kollegialität (*collegialitas effectiva*). Die verschiedenen Weisen der Umsetzung der affektiven Kollegialität in effektive Kollegialität sind menschlicher Natur, konkretisieren aber in unterschiedlichen Graden die von Gott her kommende Notwendigkeit, daß sich der Episkopat in kollegialer Form zum Ausdruck bringt“[16].

Im Kodex des Kanonischen Rechts (CIC) wurde die Lehre des II. Vatikanischen Konzils aufgenommen und juridisch formuliert. Die Kanones 336-341 beziehen sich auf das Kollegium der Bischöfe. An dieser Stelle erinnern wir lediglich daran, dass neben dem Obersten Hirten (vgl. CIC Can. 331) auch das Kollegium der Bischöfe „zusammen mit seinem Haupt und niemals ohne dieses Haupt ebenfalls Träger höchster und voller Gewalt in Hinblick auf die Gesamtkirche“ ist (CIC Can. 336). Die Bischöfe üben auf zweifache Weise ihre Gewalt auf die Gesamtkirche aus: 1. Sie versammeln sich in einem ökumenischen Konzil und 2. „verteilt über die Erde wirken sie zusammen bei einer gemeinsamen Aktion, die vom Römischen Pontifex einberufen oder als solche angenommen wird, damit ein wahrer kollegialer Akt entsteht“[17].

## *3. Die Synodalität*

Das Wort Synode setzt sich zusammen aus den griechischen Worten σύν, was *zusammen* bedeutet, und ὁδός für *unterwegs sein* bzw. *Weg*. Daher bedeutet Synodalität im engeren Sinne das gemeinsam unterwegs oder auf dem Weg sein. Das Wort Synode kann in einem weiteren Sinne auch das Treffen, die Begegnung, die Vereinbarung, die Versammlung bedeuten. Die Synodalität orientiert sich darum an der Begegnung, was die Diskussion einschließt. Gleichzeitig wird aber der Dialog zu den einzelnen Themen mit dem Ziel eines breiten Konsenses aller oder möglichst vieler der Beteiligten bevorzugt, zum Wohlergehen der Menschen, die sie vertreten, oder der ganzen Gemeinschaft.[18] Mit Bezug auf die Katholische Kirche bezieht sich die Synodalität auf die ganze Kirche und alle ihre Mitglieder.[19]

Wie schon das Wort der Kollegialität, so findet sich auch das der Synodalität nicht in der Bibel. Aber ihr Inhalt ist sehr wohl präsent in der Heiligen Schrift, besonders in den Büchern des Neuen Testamentes. Das lässt sich an den christologischen und pneumatologischen Aspekten aufzeigen.

Der *christologische* Aspekt folgt aus der engen Verbindung der Jünger mit Jesus Christus, welcher „der Weg, die Wahrheit und das Leben" ist (Joh 14,6). Am Beginn seines öffentlichen Wirkens hat er die Jünger oft zu zweit gerufen, ihm zu folgen und mit ihm zu gehen. Der Begriff ἀκολουθέω wird vor allem im Neuen Testament gebraucht, um auf die Nachfolge Christi hinzuweisen.[20] So haben beispielsweise die Brüder Simon Petrus und

Andreas den Ruf Jesu gehört und ließen sofort ihre Netze liegen und folgten ihm (vgl. Mt 4,22). Die Berufung der übrigen Jünger folgt derselben Logik. Sie verlassen „Brüder oder Schwestern, Vater oder Mutter oder Kinder oder Felder“ (Mt 19,29), um ihm zu folgen. Jesus Christus hat seine Jünger zu zweit ausgesandt, um die Gute Nachricht zu verkünden (vgl. Mk 6,7). Er lehrte: „wo zwei oder drei in meinem Namen versammelt sind, da bin ich mitten unter ihnen“ (Mt 18,20). Zu den besonderen Momenten hat Jesus drei seiner Jünger gerufen: Petrus, Johannes und Jakobus, denn sie wurden Zeugen seiner Verklärung (vgl. Mt 17,1) und seiner Pein im Garten Getsemani (Mt 26,37ff.). Nach seiner Auferstehung ging er mit zwei seiner Jünger nach Emmaus, und sie erkannten ihn über die Schrift und die Eucharistie (Lk 24,13ff.).

Eine ganz besondere Beziehung hatte Jesus zu den zwölf Aposteln. Aber die Zahl seiner Jünger war viel größer. Neben den Aposteln war er umgeben von anderen Jüngern und einigen Frauen (vgl. Lk 8,1-3). Nach der Berufung der Zwölf hat der Herr weitere 72 Jünger ausgewählt „und sandte sie zu zweit voraus in alle Städte und Ortschaften, in die er selbst gehen wollte" (Lk 10,1) und gab genaue Anweisungen (vgl. Lk 10,3-12). Ihre Mission war wirkungsvoll, wie sie selbst dem Herrn Jesus berichteten: „Herr, sogar die Dämonen gehorchen uns, wenn wir deinen Namen aussprechen" (Lk 10,17). Daher bezieht sich die Synodalität über die Zwölf hinaus auf andere Glieder des Volkes Gottes, das Gott geweihte Volk. Im Übrigen hat schon JHWH in der Offenbarung am Sinai verkündet: „Jetzt aber, wenn ihr auf meine Stimme hört und meinen Bund haltet, werdet ihr unter allen Völkern mein besonderes Eigentum sein. Mir gehört die ganze Erde, ihr aber sollt mir als ein Reich von Priestern und als ein heiliges Volk gehören" (Ex 19,5-6). Im Neuen Testament verwirklicht sich diese Verheißung dank der Weihe an Gott durch die Christen, das neue Volk Gottes. Mit Blick darauf lehrt der Heilige Petrus: „Ihr aber seid ein auserwähltes Geschlecht, eine königliche Priesterschaft, ein heiliger Stamm, ein Volk, das *sein besonderes Eigentum* wurde, damit ihr *die großen Taten* dessen verkündet, der euch aus der Finsternis in sein wunderbares Licht gerufen hat. Einst wart ihr nicht sein Volk, jetzt aber seid ihr Gottes Volk; *einst gab es für euch kein Erbarmen*, jetzt aber habt ihr

Erbarmen gefunden" (1 Petr 2,9-10). In der Offenbarung des Johannes wird das priesterliche Volk als Frucht der Erlösung durch Jesus Christus erwähnt. Er ist würdig, die Siegel zu lösen, denn er war unschuldig und hat durch sein Blut die Menschen aus allen Stämmen, Sprachen, Völkern und Nationen losgekauft, sie „zu Königen und Priestern gemacht; und sie werden auf der Erde herrschen" (Offb 5,10). Die biblischen Stellen beziehen sich auf das gemeinsame Priestertum aller Gläubigen, das darin besteht, Gott durch christliche Werke geistliche Opfergaben darzubringen. Zum Dienst an diesem gemeinsamen Priestertum gibt es das Amtspriestertum, das denen vorbehalten ist, die von Gott zu diesem Dienst gerufen sind. Die Synodalität erstreckt sich in Bezug auf beide Formen des Priestertums, das amtliche und das gemeinsame, wenn auch in verschiedener Weise. Die Dogmatische Konstitution *Lumen gentium* präzisiert: „Das gemeinsame Priestertum der Gläubigen aber und das Priestertum des Dienstes, das heißt das hierarchische Priestertum, unterscheiden sich zwar dem Wesen und nicht bloß dem Grade nach. Dennoch sind sie einander zugeordnet: das eine wie das andere nämlich nimmt je auf besondere

Weise am Priestertum Christi teil. Der Amtspriester nämlich bildet kraft seiner heiligen Gewalt, die er innehat, das priesterliche Volk heran und leitet es; er vollzieht in der Person Christi das eucharistische Opfer und bringt es im Namen des ganzen Volkes Gott dar; die Gläubigen hingegen wirken kraft ihres königlichen Priestertums an der eucharistischen Darbringung mit und üben ihr Priestertum aus im Empfang der Sakramente, im Gebet, in der Danksagung, im Zeugnis eines heiligen Lebens, durch Selbstverleugnung und tätige Liebe“[21].

Der *pneumatologische* Aspekt ist ebenfalls für den Begriff der Synodalität bedeutsam. Der auferstandene Herr hat den Heiligen Geist versprochen, den er in Fülle ausgießen wird (vgl. Joh 3,34). Wie er versprochen hat, sandte Gottvater in seinem Namen den Heiligen Geist, den Tröster seiner im Gebet im Abendmahlssaal mit Maria und den anderen Frauen versammelten Jünger (vgl. Apg 1,14).

„Alle wurden mit dem Heiligen Geist erfüllt und begannen, in fremden Sprachen zu reden, wie es der Geist ihnen eingab“ (Apg 2,4). Der Heilige Geist lehrte die Jünger Jesu alles und erinnerte sie an das, was er sie gelehrt hat (vgl. Joh 14,26). Der Heilige Geist führt die Jünger in die ganze Wahrheit (vgl. Joh 16,13). Im Unterschied zur Welt erkennen die Jünger den Geist der Wahrheit, der in ihnen ist und bei ihnen bleibt (vgl. Joh 14,17). Der Geist macht die Jünger frei von Furcht und ermutigt sie, das Evangelium der ganzen Welt zu verkünden (vgl. Mk 16,15). Nach der Herabkunft des Geistes am Pfingsttag verkündet der Heilige Petrus die Erfüllung der Prophezeiung des Joel über die Gabe des Heiligen Geistes an jeden Menschen: „In den letzten Tagen wird es geschehen, so spricht Gott: Ich werde von meinem Geist ausgießen über alles Fleisch. Eure Söhne und eure Töchter werden Propheten sein, eure jungen Männer werden Visionen haben, und eure Alten werden Träume haben“ (Apg 2,17; vgl. Joel 3,1). Nach dem Heiligen Paulus empfängt jeder die Gaben des Geistes, die Charismen, zum Aufbau und Nutzen der Gemeinschaft (vgl. 1 Kor 12,7-11).

Indem es unterstreicht, dass auch das heilige Volk Gottes am prophetischen Amt Christi teilhat, lehrt das II. Vatikanische Konzil: „Die Gesamtheit der Gläubigen, welche die Salbung von dem Heiligen haben (vgl. 1 Joh 2,20.27), kann im Glauben nicht irren. Und diese ihre besondere Eigenschaft macht sie durch den übernatürlichen Glaubenssinn des ganzen Volkes dann kund, wenn sie ‚von den Bischöfen bis zu den letzten gläubigen Laien' ihre allgemeine Übereinstimmung in Sachen des Glaubens und der Sitten äußert"[22]. Dieses Zitat hat der Heilige Vater Franziskus in seiner Rede am 17. Oktober 2015 aus Anlass des 50. Jahrestages der Errichtung der Bischofssynode aufgegriffen. Schon in seinem Apostolischen Schreiben *Evangelii gaudium* macht Papst Franziskus deutlich, dass die Gläubigen die Salbung des Heiligen Geistes empfangen haben, und er schreibt: „Das Volk Gottes ist heilig in Entsprechung zu dieser Salbung, die es ‚in credendo' unfehlbar macht"[23].

Der Geist ist unverzichtbar für das Leben der Kirche. Er bereitet die Menschen vor, die Taufe zu empfangen (vgl. Apg 11,15). Derselbe Geist leitet die Entwicklung der kirchlichen Gemeinschaft: „Die Kirche in ganz Judäa, Galiläa und Samarien hatte nun Frieden; sie wurde gefestigt und lebte in der Furcht vor dem Herrn. Und sie wuchs durch die Hilfe des Heiligen Geistes" (Apg 9,31). Der Geist erweckt die Freude auch in den Verfolgungen (vgl. Apg 13,52). Er führt den Philippus, Jesus Christus einem „Äthiopier, einem Kämmerer, Hofbeamten der Kandake, der Königin der Äthiopier“ (Apg 8,27) zu verkünden. Die Gegenwart des Heiligen Geistes braucht es unbedingt bei der Lösung von Problemen, denen die Apostel bei ihrer Mission begegnen, wie es sich beim Konzil von Jerusalem gezeigt hat (vgl. Apg 15,1-29). Der Heilige Geist ist für das Wirken der Apostel wie der Gläubigen unersetzlich. Er ist die Seele des amtlichen und des gemeinsamen Priestertums. Mit dem Kommen des Heiligen Geistes, dem Geschenk des auferstandenen Herrn Jesus, ist die Verheißung des Propheten Joel erfüllt: „Auch über meine Knechte und Mägde werde ich von meinem Geist ausgießen in jenen Tagen und sie werden Propheten sein“ (Apg 2,18; vgl. Joel 3,2).

## *II. Die Entwicklung der Synodalität in der Kirche*

Ein Bezugspunkt für das synodale Handeln ist, wie schon erwähnt, das Konzil von Jerusalem, von dem in der Apostelgeschichte (Apg 15,1-35) ausführlich berichtet wird. Diese Erfahrung hatte eine normative Bedeutung im Verlauf der Kirchengeschichte.[24] Nach dem Tod der Apostel ist es nicht einfach, die Häufigkeit der Versammlungen synodaler Natur zu bestimmen. Es gibt aber Zeugnisse über Zusammenkünfte von Bischöfen schon im ersten Jahrhundert. Das darf nicht verwundern, denn dieses Faktum leitet sich aus der Bezeichnung von Kirche ab: ἐκκλησία – das Volk, das zusammengerufen ist, zusammen zu sein. So heißt es beispielsweise in der Didachè: „Ihr sollt fleißig zusammenkommen, indem ihr nach dem strebet, was euren Seelen zukommt; denn es wird euch die ganze Zeit des Glaubens nichts nützen, wenn ihr nicht in der letzten Stunde vollkommen seid“[25]. Der Heilige Ignatius von Antiochien schlägt Bischof Polykarp „häufige Zusammenkünfte“ vor.[26] Die ersten Synoden fanden zwischen 160 und 170 im Mittleren Osten statt, so dass die Bischöfe der Bewegung des Montanismus begegnen konnten.

Papst Victor I. (etwa 186-201) hat im Jahr 197 eine Synode zum wichtigen Thema des Osterfesttermins einberufen.

### *1. Die Ökumenischen Konzilien*

Das erste Ökumenische Konzil ist das von Nicäa im Jahre 325. Im Verlauf der rund 2.000 Jahre der Kirchengeschichte gab es 21 Ökumenische Konzilien, also quasi eines für jedes Jahrhundert. Zugleich ist die Zahl der Konzilien in den Provinzen, der Diözesan- und Regionalsynoden ungleich viel höher. Die ersten acht Konzilien fanden im Orient statt und wurden von den Kaisern einberufen, während die 13 übrigen von den jeweiligen Päpsten zusammen gerufen worden sind.[27] Hierzu ist anzumerken: für die Gültigkeit eines Konzils nach katholischer Auffassung ist notwendig, dass es vom Papst einberufen wird oder dass er zumindest die Entscheidungen des Konzils anerkennt, so dass diese rechtmäßig werden können.[28] Bei den ersten Konzilien wurden die Bischöfe von Rom von eigenen Legaten vertreten.

Das II. Vatikanische Konzil hebt die synodale Dimension hervor und sucht, ihr einen neuen Impuls zu geben. Diesbezüglich ist das dritte Kapitel des Dekretes *Christus Dominus* über die Hirtenaufgabe der Bischöfe von großer Bedeutung, wo es um die Zusammenarbeit der Bischöfe zum Wohl der Diözesen geht. Das Dokument stellt fest: „Seit den ersten Jahrhunderten der Kirche wurden die Bischöfe, obwohl sie Teilkirchen vorstanden, von der Gemeinschaft der brüderlichen Liebe und vom Eifer für die den Aposteln aufgetragene allgemeine Sendung gedrängt, ihre Kräfte und ihren Willen zu vereinen, um sowohl das gemeinsame Wohl wie auch das Wohl der einzelnen Kirchen zu fördern“[29]. In der Folge werden die Instrumente genannt, die zu diesem Zweck eingerichtet sind: „Synoden, Provinzialkonzilien und schließlich Plenarkonzilien (...), in denen die Bischöfe sowohl in Bezug auf die Verkündigung der Glaubenswahrheiten als auch auf die kirchliche Disziplin eine einheitliche Regelung für verschiedene Kirchen festlegten“[30]. Das II. Vatikanische Konzil wünscht, dass diese synodalen Einrichtungen wieder neu zum Wohl der ganzen Kirche aktiv werden.[31] Das genannte Dekret beschäftigt sich in besonderer Weise mit den Bischofskonferenzen. Es wird gesagt, in den Ländern, wo solche bereits konstituiert wurden, haben sie „vorzügliche Beweise eines fruchtbaren Apostolats erbracht“[32].

Daher wird dringend empfohlen, sie auch in den Ländern einzurichten, wo es bisher keine Bischofskonferenz gibt.[33]

### *2. Die Diözesansynoden*

Es scheint, dass Papst Siricius (384-399) in Rom die erste Diözesansynode des Okzident einberufen hat, in der verschiedene Punkte der kirchlichen Disziplin behandelt wurden, wie beispielsweise die Weihe der Bischöfe und der Kleriker oder der Zölibat etc.[34] Seit dem 6. Jahrhundert gibt es gesicherte Dokumente zum Ablauf von Diözesansynoden. Es handelte sich um eine Zeit, in der viele neue Pfarreien errichtet wurden. Die Synoden erlaubten den Bischöfen, Kontakt mit den Priestern zu halten, um ihnen die Entscheidungen der wichtigen Konzilien mitzuteilen und die kirchliche Disziplin zu stärken. Die erste Diözesansynode, deren Dokumentation erhalten geblieben ist, fand in Auxerre in Frankreich im Jahr 585 statt.[35] Auch in den folgenden Jahrhunderten gab es diese Synoden. Unter Papst Gregor VII. (1073-1085) wurden sie sehr wichtig für die Annahme der kirchlichen Reformen.

Das IV. Laterankonzil hat im Jahr 1215 die ersten Generalnormen zu den Diözesansynoden erlassen.

Die Bischöfe sollten einmal im Jahr eine Provinzsynode einberufen, um die kirchlichen Reformen voranzubringen. Daher wurden im 13. und 14. Jahrhundert zahlreiche Diözesansynoden abgehalten. Auch das V. Laterankonzil (1512-1517) bestätigte die jährliche Einberufung der diözesanen Synodenversammlungen. Diese Pflicht wurde vom Konzil von Trient (1543-1563) bestätigt. Das Interesse an den Diözesansynoden ließ im 17. und 18. Jahrhundert aufgrund der Ineffizienz der synodalen Prozesse, des Desinteresses der Bischöfe oder wegen unzulässiger Einmischung der zivilen Autoritäten nach. In der zweiten Hälfte des 19. Jahrhunderts wurde das Interesse an den Diözesansynoden aufs Neue geweckt. Das Thema war auch auf dem I. Vatikanischen Konzil (1869-1870) präsent. Ein geplantes Dokument sah die Verpflichtung vor, alle drei Jahre die Diözesansynode einzuberufen. Aufgrund politischer und sozialer Gründe wurden die Arbeiten des Konzils im Jahre 1870 beendet, und das Dokument wurde nicht approbiert.[36]

Im Kodex des Kanonischen Rechts von 1917 sind sieben Kanones der Diözesansynode gewidmet. Dort wird vorgesehen, dass der Bischof die Diözesansynode alle 10 Jahre einberuft. Obwohl es keine kanonischen Sanktionen gegen jene gibt, die sich dieser Norm entziehen, stieg die Zahl der Synoden eher. Es handelte sich um mehr oder weniger klerikale Versammlungen, denn den Laien war es nicht erlaubt, an diesen Sitzungen teilzunehmen. Ein Beispiel einer solchen synodalen Versammlung gab es im Jahre 1960 mit der römischen Synode, die vor dem II. Vatikanischen Konzil (1962-1965) einberufen worden war.[37] Das Konzil bekräftigt die Erneuerung der synodalen Versammlungen mit dem Ziel der Glaubensförderung und der Sicherung der Disziplin.[38] Der Kodex des Kanonischen Rechts von 1983 beschäftigt sich in neun Kanones mit der Diözesansynode (cann. 460-468). Die Häufigkeit der Zusammenkunft wurde nicht festgelegt. Dies ist der Entscheidung des Diözesanbischofs überlassen, nachdem er den Priesterrat angehört hat.[39] Auch die Teilnahme von Laien ist vorgesehen, also nicht nur die der Kleriker, wie es vor dem II. Vatikanischen Konzil üblich war. In jedem Fall hat nur der Bischof die gesetzgebende Gewalt, während die Überlegungen der übrigen Teilnehmer beratenden Charakter haben.[40] Dennoch ist die gemeinsame Beratung bei den Diözesansynoden von wichtiger Bedeutung für die Kirche und stärkt besonders die kirchliche Gemeinschaft.[41]

### *3. Einrichtungen synodaler Natur in den vergangenen 50 Jahren*

In den Dokumenten des II. Vatikanischen Konzils finden sich noch weitere Einrichtungen synodaler Natur, um die Teilnahme der Gläubigen, des Klerus und der Ordensleute auf den verschiedenen Ebenen des pastoralen und kirchlichen Lebens zu ermöglichen.[42] In dieser Darstellung wollen wir die drei Ebenen ansprechen, die der Heilige Vater Franziskus in seiner Ansprache vor den Synodenvätern hinsichtlich der Ortskirchen, der Kirchenprovinzen und -regionen sowie der Universalkirche aufgezeigt hat.[43]

Wenn es um die Ortskirchen geht, handelt es sich um den Bischöflichen Rat,[44] um den Priesterrat,[45] das Konsultorenkollegium,[46] das Kanonikerkapitel,[47] den Diözesanpastoralrat,[48] und den Pastoralrat in den Pfarreien,[49] den

Vermögensverwaltungsrat der Diözesen[50] und der Pfarreien.[51]

Auf der Ebene der Provinzen und kirchlichen Regionen bezieht sich die Synodalität auf die Partikularkonzilien,[52] die entweder Plenarkonzilien sind oder Provinzialkonzilien oder Regionalkonzilien. Daneben sind auch die Bischofskonferenzen von großer Bedeutung. Papst Franziskus hat schon seine Hoffnung ausgedrückt, dass ihre Rolle gestärkt werde, damit sie „vielfältige und fruchtbare Hilfe leisten [können], um die kollegiale Gesinnung zu konkreter Verwirklichung zu führen“[53]. Und dies auch im Zusammenhang mit einer größeren Dezentralisierung in der Katholischen Kirche.[54]

Auf Ebene der Weltkirche bezieht sich die Synodalität vor allem auf das Ökumenische Konzil,[55] die Synode der Bischöfe, aber auch auf die Römische Kurie.[56] Es ist zu erwähnen, dass auch das Kollegium der Kardinäle eine wichtige Rolle spielt.[57] Wie im Kodex des Kanonischen Rechtes festgelegt, hat dieses Kollegium zwei wichtige Funktionen: 1. „Die Zuständigkeit, nach Maßgabe von besonderem Recht für die Papstwahl zu sorgen“ und

2. „dem Papst zur Seite stehen, und zwar entweder durch kollegiales Handeln, wenn sie zur Behandlung wichtigerer Fragen zusammengerufen werden, oder als einzelne in Ausübung verschiedener Ämter, womit sie dem Papst vornehmlich in der täglichen Sorge für die Gesamtkirche Hilfe leisten“[58]. Wenn es um die Rolle als Ratgeber des Bischofs von Rom geht, ist das einberufene und gemeinsam handelnde Kollegium der Kardinäle vergleichbar mit der Bischofssynode, welche die regelmäßige Funktion der Beratung des Obersten Pontifex hat.

### *4. Das Ökumenische Konzil und die Synode der Bischöfe*

Die oben erwähnten drei Aspekte der Gemeinschaft, der Kollegialität und der Synodalität verwirklichen sich auf vorzügliche Weise bei einem Ökumenischen Konzil und in einer besonderen Weise in den Synoden der Bischöfe. Sie sind nach einem Wort von Papst Johannes Paul II. „ein Ausdruck und ein besonders fruchtbares Instrument der Kollegialität der Bischöfe“[59].

Die Synode der Bischöfe wurde vom Seligen Paul VI. während des II. Vatikanischen Konzils errichtet, und die wichtigsten Ideen des Konzils werden in den Synodendokumenten reflektiert. Bei den synodalen Versammlungen wird dieselbe Methodologie wie bei der Arbeit des Konzils angepasst angewandt. Die Verbindung wird auch im Gebrauch des lateinischen Begriffes *synodus* für das Konzil wie für die Synode der Bischöfe sichtbar. Die Dokumente des II. Vatikanischen Konzils werden zum Beispiel mit *Acta synodalia sacrosancti Concilii Oecumenici Vaticani II* überschrieben. Es ist daher Aufmerksamkeit nötig, die Konzilsdokumente nicht mit den Synodendokumenten zu verwechseln.[60]

Um diese nicht nur ideelle Verbindung zu erhellen, genügt es, an die Konzilsdokumente zu erinnern, die sich auf die Bischofssynode beziehen oder auf die wesentlichen Aspekte im Regelwerk der Synode der Bischöfe. In diesen sind die erwähnten drei Prinzipien der Gemeinschaft, der Kollegialität und der Synodalität miteinander verwoben.

Im Dekret *Christus Dominus* wird die Bischofssynode beschrieben als „wirksameren Beistand in der vom Papst bestimmten oder noch zu bestimmenden Art und Weise. Als Vertretung des gesamten katholischen Episkopates bringt diese Bischofssynode gleichzeitig zum Ausdruck, dass alle Bischöfe in der hierarchischen Gemeinschaft an der Sorge für die ganze Kirche teilhaben“[61]. Das Dekret über die Missionstätigkeit der Kirche *Ad gentes* erwähnt ebenfalls die Synode der Bischöfe und unterstreicht besonders die missionarische Dimension: „Da die Sorge für die weltweite Verkündigung des Evangeliums besonders bei der Gemeinschaft der Bischöfe liegt, möge die Bischofssynode oder ‚der beständige, für die ganze Kirche zuständige Rat der Bischöfe‘ unter den Obliegenheiten von allgemeiner Bedeutung der missionarischen Tätigkeit als der wichtigsten und heiligsten Aufgabe der Kirche besondere Aufmerksamkeit zuwenden“[62].

Im Motu proprio *Apostolica sollicitudo* vom 15. September 1965, mit dem der Selige Paul VI. die Synode der Bischöfe errichtet hat, spürt man das Anliegen, den Konzilsgeist in der Kirche lebendig zu halten. Hierzu schreibt der Papst in diesem Dokument: „Die apostolische Sorge, in der Wir, die Zeichen der Zeit aufmerksam durchforschend, die Wege und Methoden des geistlichen Apostolates den wachsenden Notwendigkeiten unserer Tage sowie den veränderten Verhältnissen der Gesellschaft anzupassen suchen, drängt Uns dazu, Unsere Verbindung mit den Bischöfen, ‚die der Heilige Geist dazu bestimmt hat…, die Kirche Gottes zu leiten' (Apg 20,28), mit noch engeren Banden zu bestärken"[63]. Der Papst wünschte die Gemeinschaft zwischen den Bischöfen zu fördern und zu stärken, damit „der Trost ihrer Gegenwart, die Hilfe ihrer Klugheit und Sacherfahrung, die Bestärkung ihres Rates, die Stütze ihrer Autorität nicht fehle"[64]. Zu Beginn der ersten ordentlichen Generalversammlung hat Papst Paul VI. erklärt: „Man kann den *Synodus Episcoporum* nicht gleichsam als ein Ökumenisches Konzil betrachten, denn die Zusammensetzung, die Autorität und das je eigene Ziel eines solchen Konzils fehlt. Die Synode ist in gewisser Weise ein Bild hiervon, eine Spiegelung des Geistes und der Verfahrensweise, und Gott möge ihr die ihr eigenen Charismen der Weisheit und Liebe zukommen lassen"[65].

Nach Jahrzehnten der Erfahrung ist bezeichnend, wie die Verbindung von Gemeinschaft, Kollegialität und Synodalität im *Ordo*

*Synodi Episcoporum* in der überarbeiteten und erneuerten Edition von 2006 beschrieben wird.[66] Im *Vorwort* des Dokumentes wird bekräftigt: „Die Bischofssynode, die in bestimmter Hinsicht den ganzen katholischen Episkopat repräsentiert, zeigt in besonderer Weise den Geist der Gemeinschaft (*communio*), der den Papst und die Bischöfe untereinander vereint. Sie ist ein herausragender Ort, an dem eine Versammlung von Bischöfen, die der Autorität des Papstes direkt und unmittelbar untersteht, das kollegiale Miteinander der Bischöfe und ihre Sorge um das Wohl der ganzen Kirche sowie, unter dem Wirken des Geistes, seinen sicheren Rat bezüglich verschiedener kirchlicher Fragestellungen zum Ausdruck bringt“[67].

Zu den gemeinsamen Aspekten von Ökumenischem Konzil und Bischofssynode gibt es aber auch beachtliche Unterschiede hinsichtlich des theologischen, des juridischen und praktisch-kirchlichen Aspektes. An einem Ökumenischen Konzil nehmen alle Bischöfe der Katholischen Kirche in Gemeinschaft mit dem Heiligen Vater teil. Ihre Zahl beträgt derzeit 5.088 Personen: 2.616 Diözesanbischöfe, 1.080 Titularbischöfe und 1.392 Emeriti.[68] Zu dieser Zahl muss man noch die brüderlichen Delegierten, die Experten und die Auditoren und das Dienstpersonal rechnen, was die Anzahl der Teilnehmer an einem Konzil groß sein lässt. An einer ordentlichen Generalversammlung der Bischofssynode dagegen nehmen etwa 350 Personen teil, von denen 250 Bischöfe sind. Man versteht die Schwierigkeit, ein Konzil zu organisieren, aber auch, wie relativ leicht es ist, eine Versammlung der Bischofssynode einzuberufen. Das zeigen alleine die Zahlen. Wie schon gesagt, gab es bis heute in der Katholischen Kirche 21 Konzilien. Seit der Errichtung der Bischofssynode vor 50 Jahren gab es hingegen schon 27 synodale Versammlungen. Daher darf man abschließend bemerken, dass die Einberufung eines Konzils ein außergewöhnliches Ereignis darstellt, dass nach den statistischen Daten im Schnitt einmal in 100 Jahren stattfindet, während eine Bischofssynode sehr viel straffer und funktionaler ist, sei es, was die Zahl der Teilnehmer angeht, sei es ihre Dauer. Die Bischofssynode dauert zwei bis drei Wochen, während die Durchführung eines Konzils mehrere Jahre umfassen kann.

Die Konzilsväter haben außerdem Entscheidungsgewalt, während jene einer Synode lediglich eine beratende Funktion haben, auch wenn theoretisch die Möglichkeit gegeben ist, dass der Heilige Vater eine Entscheidungsgewalt auch für einige synodale Fälle gewährt.[69]

Bei einem Konzil setzt man sich mit allen aktuellen Fragen einer bestimmten geschichtlichen Periode auseinander, während die Arbeiten der Synode sich eher auf gut abgegrenzte Themen konzentrieren können. Wichtig ist, sich der Unterschiede bewusst zu bleiben, um von der Bischofssynode nicht mehr zu erwarten, als sie innerhalb ihrer juridischen und eigenen kirchlichen Natur geben kann.

## *III. Die Natur der Synode der Bischöfe*

Mit dem Apostolischen Schreiben *Apostolica sollicitudo* vom 15. September 1965 hat Papst Paul VI. während der letzten Sitzungsperiode des Konzils die Synode der Bischöfe errichtet.[70] Um einige mögliche Modifikationen der synodalen Methodologie aufzuzeigen, die der Heilige Vater Franziskus im Rahmen der Weiterentwicklung der Synodalität in der Kirche wünscht, scheint es angebracht, an einige fundamentale Ideen der Bischofssynode zu erinnern. Sie werden von den Normen des Sonderrechtes und vom allgemeinen Recht geregelt.

### *1. Allgemeine und besondere Rechtsnormen*

Die Normen des allgemeinen Rechts sind im Kodex des Kanonischen Rechtes niedergelegt, das heißt in den sieben Kanones von 342 bis 348, die sich mit der Synode der Bischöfe beschäftigen. Von besonderer Bedeutung ist der Kanon 342, der einen dreifachen Zweck der Bischofssynode angibt: 1. eine enge Einheit zwischen dem Römischen Pontifex und den Bischöfen selbst fördern; 2. dem Römischen Pontifex Hilfe geben bei der Bewahrung und der Zunahme des Glaubens und der Sitten, in der Beachtung und Festigung der kirchlichen Disziplin; 3. die Probleme bezüglich der Tätigkeit der Kirche in der Welt studieren. Alle drei Zwecke sind komplementär und können als Wege wahrgenommen werden, die kirchliche Gemeinschaft im Zusammenhang der bischöflichen Kollegialität zu vertiefen. Wichtig bleibt festzuhalten, dass die Bischofssynode zum Dienst am Bischofskollegium und an seinem Haupt, den Heiligen Vater, den Bischof von Rom und Präsidenten der Synode, eingerichtet ist.[71]

Die Normen der Sonderregelungen sind im Apostolischen Schreiben *Apostolica sollicitudo* und im *Ordo Synodi* enthalten. Diese Dokumente vervollständigen die allgemeinen Regeln, die für sie aufgrund ihrer Natur wesentlich sind. Das erwähnte Apostolische Schreiben formuliert als Zweck allgemeiner Natur der Bischofssynode, dass „eine unmittelbare und wirkliche Kenntnis über Fragen und Verhältnisse verfügbar ist, die das innere Leben der Kirche und ihre pflichtgemäße Aktion in der heutigen Welt betreffen“[72]. Weiter wird präzisiert, dass die synodalen Diskussionen das Ziel haben, „die Übereinstimmung in den Urteilen leichter zu machen, wenigstens bezüglich der wesentlichen Inhalte der Lehre und der Art des Fortschritts im Leben der Kirche“[73]. Es gibt zwei besondere und unmittelbare Zwecke der Bischofssynode: 1. „geeignete Nachrichten einander vermitteln“ und 2. „gemeinsam über die Angelegenheiten beraten, derentwegen die Synode in den einzelnen Fällen zusammengerufen wird“[74]. Diese Zwecke, seien sie allgemein oder unmittelbar, setzen eine persönliche und aktive Teilnahme der Mitglieder in einer Haltung des Hörens und gemeinschaftlicher Suche nach dem Gemeinwohl der Kirche voraus. Sie bestätigen nochmals die Gemeinschaft als Zweck der Synode der Bischöfe, dass sie aufgrund der Natur dieser Einrichtung aktive Mitglieder der Bischofssynode sind. Nach dem *Ordo Synodi Episcoporum* sind nur die Synodenväter, die Bischöfe und die Anzahl der berufenen Repräsentanten der Generaloberen Subjekte des aktiven und passiven Rechtes, das heißt, sie können abstimmen und in die Strukturen der Bischofssynode gewählt werden.[75]

## 2. Drei Arten der Synodenversammlungen

Als Resultat aus dem oben Gesagten ergeben sich drei Formen der synodalen Versammlungen: Ordentliche Generalversammlung; Außerordentliche Generalversammlung und Spezialversammlungen. Bezüglich der eigenen Charakteristiken präzisiert der Kodex des Kanonischen Rechts, dass in der ordentlichen wie in der außerordentlichen Versammlung „Angelegenheiten behandelt werden, die das Wohl der Gesamtkirche unmittelbar betreffen“[76]. Bei den Spezialversammlungen hingegen werden „Angelegenheiten behandelt, die unmittelbar eine oder mehrere Regionen betreffen“[77]. Das Sonderrecht, das heißt das Apostolische Schreiben *Apostolica sollicitudo*[78] und der *Ordo Synodi Episcoporum*[79] regeln den Modus der Wahl und die Teilnahme an den entsprechenden synodalen Versammlungen durch Recht, Wahl oder päpstliche Berufung.

Die betreffenden Bezeichnungen zeigen, dass die *ordentliche Generalversammlung* ein für die ganze über die weite Welt verteilte Kirche wichtiges Thema behandelt und in der Regel alle drei Jahre stattfindet. Bisher wurden 14 ordentliche Generalversammlungen abgehalten. Während des Pontifikates des Seligen Paul VI. waren es hiervon vier in den Jahren 1967, 1971, 1974, 1977. Der Heilige Johannes Paul II. hat bei sechs ordentlichen Generalversammlungen den Vorsitz geführt, die in den Jahren 1980, 1983, 1987, 1990, 1994 und 2001 stattgefunden haben. Papst Benedikt XVI. hat drei ordentlichen Generalversammlungen in den Jahren 2005, 2008 und 2012 vorgestanden. Unter der Leitung des Heiligen Vaters Franziskus hat vom 4. bis 25. Oktober 2015 eine ordentliche Generalversammlung stattgefunden. Eine zweite ordentliche Generalversammlung (die XV.) in seinem Pontifikat hat er für den Oktober 2018 zum Thema „Jugend, Glaube und Unterscheidung der Berufungen" einberufen.

Die *außerordentlichen Generalversammlungen* werden vom Heiligen Vater einberufen, um sich mit Themen auseinanderzusetzen, welche die Weltkirche betreffen und „die einer schnellen Erledigung bedürfen"[80]. Bisher gab es drei außerordentliche Versammlungen. Die erste wurde 1969 von Papst Paul VI. einberufen, die zweite 1985 von Papst Johannes Paul II. und die dritte im Jahr 2014 von Papst Franziskus.

Die *Spezialversammlungen* haben zum Ziel, Bischöfe eines Landes oder eines Kontinentes zu versammeln, um deren Themen zu behandeln. Bis jetzt gab es zehn Spezialversammlungen, davon acht während des Pontifikates von Papst Johannes Paul II. Papst Benedikt hat zwei dieser Versammlungen einberufen: jene für Afrika im Jahr 2009 und jene für den Mittleren Osten 2010. Abgesehen von den Versammlungen für die Niederlande, für den Libanon und für den Mittleren Osten in den Jahren 1980, 1995 und 2010 gab es andere Versammlungen, die sich auf die jeweilige kirchliche und soziale Situation auf den fünf Kontinenten bezogen. Daher gab es zwei Spezialversammlungen für Europa in den Jahren 1991 und 1999; zwei für Afrika 1994 und 2009; jeweils eine für Amerika 1997; für Asien im Jahr 1998 und für Ozeanien 1998.

Das Thema einer Synodenversammlung ist allgemein gut eingegrenzt und bezieht sich auf aktuelle Themen des pastoralen Wirkens der Kirche in der Welt von heute. Auch auf diesem Feld hat die Bischofssynode eine gewisse Entwicklung erfahren. Die ersten Synoden zum Beispiel hatten mehr Themen auf der Tagesordnung. Bei der ersten ordentlichen Generalversammlung waren die Synodenväter mit fünf Hauptthemen konfrontiert. „Die Prinzipien, an denen sich die Revision des Kodex des Kanonischen Rechtes orientieren muss“; „Die Seminarien“; „Die heilige Liturgie“; „Gefährliche moderne Meinungen und Atheismus“; „Einige Fragen zu den Mischehen“.

Die zweite ordentliche Generalversammlung von 1971 reflektierte zwei Themen: „Der priesterliche Dienst und die Gerechtigkeit in der Welt“.

Die anderen synodalen Versammlungen hatten nur noch ein Thema zu behandeln. Es ist sicher nützlich, daran zu erinnern. Kommen wir zu den ordentlichen Generalversammlungen, die es zu folgenden Themen gab: „Die Evangelisierung in der Welt von heute“ (1974); „Die Katechese in unserer Zeit“ (1977); „Die christliche Familie“ (1980); „Versöhnung und Buße in der Sendung der Kirche von heute“ (1983); „Berufung und Sendung der Laien in Kirche und Welt“ (1987); „Die Priesterbildung im Kontext der Gegenwart“ (1990); „Das geweihte Leben und seine Sendung in Kirche und Welt" (1994); „Der Bischof als Diener des Evangeliums Jesu Christi für die Hoffnung der Welt" (2001); „Die Eucharistie – Quelle und Höhepunkt des Lebens und der Sendung der Kirche" (2005); „Das Wort Gottes im Leben und in der Sendung der Kirche" (2008); „Die neue Evangelisierung für die Weitergabe des christlichen Glaubens" (2012); „Die Berufung und die Sendung der Familie in Kirche und Welt von heute" (2015).

Die außerordentlichen Generalversammlungen hatten zum Thema: „Die Zusammenarbeit zwischen dem Heiligen Stuhl und den Bischofskonferenzen" (1969); „20 Jahrestag des Abschlusses des II. Vatikanischen Konzils" (1985) und „Die pastoralen Herausforderungen im Hinblick auf die Familie im Kontext der Evangelisierung" (2014).

Die Spezialversammlungen beschäftigten sich mit der Situation der betreffenden Kontinente oder Regionen wie des Mittleren Ostens (2010) oder von Ländern wie der Niederlande (1980) und des Libanon (1995).

## IV. Eine neue synodale Dynamik und die Bischofssynode

Gleich nach dem II. Vatikanischen Konzil wurde die synodale Dimension mit großem Interesse und Anteilnahme gelebt. Der Heilige Johannes Paul II. konnte 1994 sagen, dass sich in der Kirche in den letzten Zeiten „eine synodale Bewegung“[81] entwickelt hat. Der heilige Papst bezog sich auf die vielen synodalen Versammlungen im Allgemeinen und besonders auf die kontinentalen. In der Zwischenzeit hat sich dieser Enthusiasmus leider abgekühlt und man spürt eine gewisse Müdigkeit auf verschiedenen Ebenen. Das beklagt auch der Heilige Vater Franziskus, wenn er darauf hinweist, dass sich die synodalen Strukturen auf der Ebene der Ortskirche „manchmal mühselig dahinschleppen“[82]. Nach dem Bischof von Rom gilt das auch für die Ebene der Provinzen und kirchlichen Regionen, wie auch für die Bischofskonferenzen. Hierzu stellt Papst Franziskus fest: „Wir sind auf halbem Wege, auf einem Teil des Weges“[83]. Man sollte auf die Aufforderung von Papst Franziskus hören, der die Hoffnung des II. Vatikanischen Konzils zum Ausdruck brachte, mit erneuerter Begeisterung die genannten synodalen Strukturen wieder aufzunehmen, sowohl auf der Ebene der Ortskirchen, der Zwischeninstanzen, welche die Provinzen und kirchlichen Regionen sind, wie auch der Bischofskonferenzen. Oft hat man den Eindruck, es genüge mehr guter Wille, um die verschiedenen synodalen Strukturen in unseren kirchlichen Gemeinschaften wirksam zu machen. Es bleibt zu hoffen, dass die Aufforderung von Papst Franziskus allen Gliedern des Volkes Gottes eine neue Dynamik gibt und dass sich jeder nach seiner Berufung dem Weg der Synodalität verpflichtet weiß, welcher „der Weg ist, den Gott von der Kirche im dritten Jahrtausend erwartet“[84].

### *1. Die weitere Entwicklung der Bischofssynode*

In diesem Zusammenhang erlaube ich mir, einige Reflexionen über mögliche Veränderungen der synodalen Methodologie aufzuzeigen, die sich auf die Bischofssynode beziehen. Dies hat der Selige Paul VI. übrigens schon bei der Errichtung der Bischofssynode gesehen, wenn er schreibt, dass sie „im Verlauf der Zeit eine immer noch vollkommenere Form erlangen können wird“[85]. Auch im

Laufe der 50 Jahre hat diese Institution der Bischofssynode schon einige beachtliche Veränderungen erfahren, die an erster Stelle das *Vademecum* der einzelnen Synodenversammlungen betreffen und sich dann im Text des *Ordo Synodi Episcoporum* niedergeschlagen haben. Die letzte Angleichung gab es zu Beginn des Pontifikates von Papst Benedikt XVI. im Jahre 2006.[86] Er reduzierte u.a. die Dauer der ordentlichen Generalversammlungen von vier auf drei Wochen, hat den Gebrauch elektronischer Abstimmungssysteme begünstigt und führte die sogenannte freie Diskussion in der letzten Stunde der Vollversammlungen von 18.00 bis 19.00 Uhr ein.[87] Die Bischofssynode ist ein lebendiger und sich entwickelnder Organismus nach den Weisungen des Bischofs von Rom, welcher der Präsident der Synode der Bischöfe ist, und den Notwendigkeiten der Kirche, die vom Volk Gottes angezeigt und in besonderer Weise von den Bischöfen als den legitimen Hirten interpretiert werden. Eine Stärkung der Synode der Bischöfe wird auch durch eine immer größere Beteiligung von Menschen vor allem aus den demokratischen Ländern an den Entscheidungen, die das zivile und politische Leben betreffen, vorgeschlagen, wie auch dadurch, den Rhythmus dem beschleunigten modernen Leben und dem Prozess der Globalisierung anzugleichen, der die Unterschiede von Völkern und Kulturen aufzuheben oder wenigstens zu vermindern sucht. Es gilt ebenso, den Bedingungen des erleichterten Reisens Rechnung zu tragen. Das ist auch eine Anforderung an die Kirche, die große Familie der Glaubenden von über 1,3 Milliarden Katholiken, welche auf allen fünf Kontinenten und in unterschiedlichen sozialen, religiösen und kulturellen Situationen leben. Angesichts einer stets steigenden Zahl von Bischöfen in der Welt werden Synodalversammlungen unter dem Vorsitz des Heiligen Vaters immer notwendiger, um Meinungen über aktuelle kirchliche und soziale Fragen auszutauschen, um die Gemeinschaft zu stärken und um die Einheit des katholischen Glaubens in legitimer Vielfalt zu erhalten. Es ist angebracht, dass die Synodenmitglieder den Bischof von Rom und seine engsten Mitarbeiter in der Römischen Kurie und den Organen des Heiligen Stuhls persönlich kennen. Der Heilige Vater hat zugleich die Möglichkeit, die einzelnen Bischöfe besser zu kennen und Informationen aus erster Hand über die christlichen Gemeinschaften der Welt zu bekommen.

### *2. Die außerordentliche Generalversammlung würde zur (jährlichen) ordentlichen Versammlung*

Die Struktur, die sich weiter entwickeln möge, ist die *außerordentliche Generalversammlung* der Bischofssynode. Bis jetzt gab es nur drei dieser Synodenversammlungen. Wie bekannt, nehmen an ihr die Patriarchen und Häupter der Orientalischen Kirchen *eigenen Rechts (sui iuris)* teil, die Präsidenten der Bischofskonferenzen, die Leiter der Dikasterien der Römischen Kurie und einige Vertreter der Union der Generaloberen. Unter all diesen dürfen nur die Oberen der Ordensleute ihre Repräsentanten wählen.[88] Der Heilige Vater kann eine gewisse Anzahl von Synodenvätern berufen.[89] Die anderen werden Mitglieder der außerordentlichen Generalversammlung aufgrund ihres ausgeübten Amtes. Daher benötigt die Einberufung einer solchen Synodenversammlung nicht viel Zeit. Auch die Vorbereitung und Dauer der außerordentlichen Generalversammlung könnten einigermaßen vereinfacht sein. Für eine solche Synodenversammlung wäre der Zeitraum von einer Woche ausreichend. Die Tagesordnung müsste ebenfalls kurz und bündig sein. Der Bischof von Rom könnte den Rat der Synodenväter zu einem präzisen Thema einholen. So könnte man zum Beispiel zwei Fragen angeben: eine mehr kirchliche und eine eher soziale. Die Teilnehmer an einer außerordentlichen Generalversammlung könnten den Heiligen Vater aus ihrer Sicht bezüglich der Reform der Römischen Kurie beraten. Sie können natürlich nicht ins Detail gehen, denn sie kennen sich nicht gut genug aus, und es gibt schon eine Kommission, die sich mit diesen Fragen beschäftigt. Bei den sozialen Fragen könnte das Thema die mögliche Antwort der Kirche auf die Probleme der Migration und der Immigration sein, wovon weltweit Millionen von Menschen betroffen sind, was dringend nach einer Antwort auch von Seiten der Kirche verlangt. Natürlich sollte man von einer solchen Synodenversammlung kein großes Dokument erwarten. Es genügten einige Seiten (etwa zehn), um die vereinbarten Grundlinien der Synodenväter anzugeben, die vom Heiligen Vater approbiert wurden, um sie mit den bischöflichen Mitbrüdern und den Gliedern des Volkes Gottes in den verschiedenen Ortskirchen zu teilen. Ähnlich könnte auch das Vorbereitungsdokument kurz und nüchtern gehalten werden, ein *Status questionis* von etwa fünf bis zehn Seiten, wo am Ende des Textes einige Fragen stehen, die für die vorsynodale Diskussion auf der Ebene der Universalkirche, der Ortskirche und ihrer Einrichtungen favorisiert werden. Eine solche Synode ließe sich öfter abhalten, möglicherweise jedes Jahr, sofern keine andere Synodenversammlung vorgesehen ist. Auf diese Weise würde die außerordentliche Generalversammlung eher ordentlich, so dass man auch die Bezeichnung in *Ordentliche Versammlung* ändern könnte. Natürlich würde dieser Wechsel auch eine Änderung im *Ordo Synodi Episcoporum* nach sich ziehen.

Diese Reform würde die Anzahl der Versammlungen der Bischöfe kaum erhöhen, da die ordentliche Versammlung die grundsätzliche Teilnahme der Oberhäupter der Katholischen Orientalischen Kirchen *eigenen Rechts (sui iuris)* und der Vorsitzenden der Bischofskonferenzen verlangte. Viele von ihnen kommen oft nach Rom, auch um an den von den Dikasterien der Römischen Kurie und der übrigen Organisationen des Heiligen Stuhls anberaumten Sitzungen teilzunehmen. Wenn die Termine der Synodenversammlungen im Vorfeld bekannt gemacht werden, könnte man diese Sitzungen im gleichen Zeitraum vor oder nach der Synodenversammlung ansetzen und somit die Mühen der Bischöfe vermindern, nach Rom zu kommen, wo die Synodenversammlungen in der Regel stattfinden.

### *3. Generalversammlung (fünfjährlich oder regelmäßig)*

Wie gesagt, gibt es neben der außerordentlichen Generalversammlung noch zwei andere Arten der synodalen Versammlung: die ordentliche Generalversammlung und die Spezialversammlung. Die *ordentliche Generalversammlung* könnte in ihrer aktuell feierlichen Form der Zelebration im Wesentlichen bleiben. Man könnte sie einfach *Generalversammlung* nennen (wenn die außerordentliche zur ordentlichen wird, weil sie öfter zusammengerufen wird). Die Generalversammlung könnte daher alle fünf Jahre berufen werden. Die bisherige ordentliche Generalversammlung hingegen hat in der Regel alle drei Jahre stattgefunden. Dieser Rhythmus wurde unterbrochen, wenn in der Zwischenzeit eine andere außerordentliche Versammlung oder Spezialversammlung einberufen wurde.[90] Die Vorbereitung der Generalversammlung könnte daher die Erstellung der *Lineamenta* und des *Instrumentum laboris* umfassen. Sie müssten nicht notwendigerweise *ex novo* geschrieben werden. Man könnte eines der nachsynodalen Apostolischen Schreiben oder einen besonders wichtigen Teil daraus nehmen, was als Dokument der synodalen Reflexion dient. Auf diese Weise würde eine ausufernde Weitschweifigkeit der synodalen Dokumente vermieden. Darüber hinaus könnte es interessant sein, einen veröffentlichten Text nach einigen Jahren zu bewerten und die noch gültigen Aspekte zu sehen wie auch diejenigen, die hoffentlich überwunden sind oder neue Akzente bekommen haben. In den 50 Jahren der Bischofssynode wurden der Katholischen Kirche verschiedene und bedeutende Dokumente gegeben. Sie sind in gewisser Weise die Fortsetzung der Überlegungen des II. Vatikanischen Konzils zu verschiedenen Themen. Das sieht man schon an den Titeln: *Evangelii nuntiandi* (am 8. Dezember 1975 veröffentlicht); *Catechesi tradendae* (16. Oktober 1979); *Familiaris consortio* (22. November 1981); *Reconciliatio et paenitentia* (2. Dezember 1984); *Christifideles laici* (30. Dezember 1988); *Pastores dabo vobis* (25. März 1992); *Vita consecrata* (25. März 1996); *Pas-*

*tores gregis* (16. Oktober 2003); *Sacramentum caritatis* (22. Februar 2007); *Verbum Domini* (30. September 2010); *Evangelii gaudium* (24. November 2013); *Amoris laetitia* (19. März 2016).
Den feierlichen Charakter der Versammlung würde der Brauch verstärken, die Ausarbeitung als Resultat der synodalen Diskussionen in einem postsynodalen Apostolischen Schreiben einen Umfang von etwa 100 Seiten nicht übersteigen zu lassen.

### *4. Die Spezialversammlungen*

Die Erfahrungen mit Spezialversammlungen der Bischofssynode sind sehr positiv.[91] Es wäre gut, sie vor allem als Kontinentalsynoden fortzusetzen. Sie könnten alle 10 bis 15 Jahre zusammengerufen werden. Auch bei dieser Gelegenheit mögen die entsprechenden nachsynodalen Apostolischen Schreiben als Dokumente der synodalen Vorbereitung nützlich sein, um die Reflexion über kirchliche und soziale Themen, die schon ausgearbeitet sind, fortzusetzen, um sie im Licht der aktuellen Situation zu bewerten. Es kann hilfreich sein, an folgende Dokumente zu erinnern: *Una Speranza nuova per il Libano* (veröffentlicht am 10. Mai 1997) und *Ecclesia in Medio Oriente* (14. September 2012); andere beziehen sich auf die übrigen Kontinentalversammlungen wie: *Ecclesia in Africa* (14. September 1995); *Ecclesia in America* (22. Januar 1999), *Ecclesia in Asia* (5. November 1999); *Ecclesia in Oceania* (22. November 2001); *Ecclesia in Europa* (28. Juni 2003); *Africa munus* (19. November 2011). Am Ende der Spezialversammlung wäre es gut, die Ergebnisse der Reflexionen in einem kurzen nachsynodalen Apostolischen Schreiben zu sammeln.

Man könnte darüber nachdenken, eine dritte Spezialversammlung für Europa zusammenzurufen. Das Bezugsdokument könnte das Nachsynodale Apostolische Schreiben *Ecclesia in Europa* sein. Die Flüchtlingskrise hat deutlich den Unterschied zwischen den westeuropäischen Staaten und denen in Mittel- und Osteuropa gezeigt, ein Unterschied, der sich auch in der Haltung der betreffenden Episkopate wiederspiegelt. Eine Spezialversammlung könnte den Bischöfen die günstige Gelegenheit geben, sich unter der Führung des Heiligen Vaters besser zu kennen und die Gründe der einen oder der anderen Seite zu hören, um eine gemeinsame Position mit dem

Ziel zu erarbeiten, sich dieser großen Herausforderung gemeinsam zu stellen. Die Vereinbarung, wie man auf der Ebene der Ortskirchen weiter vorangeht, würde die Wirksamkeit der kirchlichen Gemeinschaft verdeutlichen, die durch die synodale Methode gestärkt ist und somit auch ein stärkeres Gewicht bei den Regierungen der einzelnen europäischen Länder hätte.

Schon jetzt wäre an eine zweite Spezialversammlung für den Mittleren Osten zu denken. Wenn endlich die kriegerischen Auseinandersetzungen aufhörten, wofür wir beten und hoffen, es möge bald geschehen, sollte sich die Katholische Kirche für den Wiederaufbau der starken geistlichen und materiellen Zerstörungen einsetzen und großzügig die Katholischen Orientalischen Kirchen *eigenen Rechts (sui iuris)* und auch die Kirche der lateinischen Tradition, die alle in dieser geschundenen Region leben, unterstützen.

Auch eine Spezialversammlung für China wäre hilfreich, wenn man sich der entsprechenden sozialen und kirchlichen Bedingungen versichert hat.

Zu den Spezialversammlungen wurde oft die Frage gestellt, ob sie nicht außerhalb von Rom im betreffenden Land, der Region oder dem Kontinent durchgeführt werden könnten. Bisher fanden die Versammlungen der Bischofssynode immer in Rom statt und gaben so dem Bischof von Rom als Vorsitzender der Synode die Möglichkeit, den Arbeiten aus nächster Nähe zu folgen. Zudem befinden sich in Rom angemessene Strukturen für die liturgischen Feiern, die Sitzungen und die Unterbringung der Teilnehmer. Dennoch ließe sich die Möglichkeit der Zusammenkunft einer Spezialversammlung außerhalb Roms erwägen. Mit Bezug auf die Erfahrung bei der Fünften Vollversammlung der Bischöfe Lateinamerikas und der Karibik, die vom 13.-31. Mai 2007 in Aparecida in Brasilien stattfand, könnte man eine Spezialversammlung für Amerika an einem geeigneten Ort auf dem amerikanischen Kontinent in Betracht ziehen, nachdem der betreffende Episkopat gehört wurde. Der Heilige Vater könnte einen oder zwei delegierte Vorsitzende ernennen, die in seinem Namen die Arbeiten während der ersten beiden Wochen leiteten. Während der dritten und abschließenden Woche nähme der Bischof von Rom persönlich an den Synodensitzungen teil und schlösse die Arbeiten ab. Auf diese Weise wäre der Hirte der Gesamtkirche nicht drei Wochen von Rom abwesend. Man muss bedenken, dass er auch während dieser Zeiten seinen Petrusdienst an der Weltkirche wahrnehmen muss. Der jeweilige delegierte Vorsitzende informierte ihn dank der modernen Kommunikationsmittel täglich über den Stand der Arbeiten. So wäre der Einstieg in die abschließende Phase der synodalen Reflexionen erleichtert. Sollte es keine geeigneten Strukturen oder Bedingungen im jeweiligen Land, Region oder Kontinent geben, kann die synodale Versammlung wie gewöhnlich in Rom zusammentreten.

Daher könnten die Synodenversammlungen so organisiert werden, dass in jedem Jahr eine synodale Versammlung stattfindet. Bevorzugt wäre eine ordentliche Generalversammlung (derzeit die außerordentliche Generalversammlung). Wenn keine dringenden Fragen anstehen, würde sie in dem Jahr verschoben, in dem eine Generalversammlung oder eine Spezialversammlung stattfindet.

## *5. Die Synodenräte*

Auch die Synodenräte könnten verstärkt werden. Der Generalrat (derzeit der ordentliche Generalrat) bliebe im Amt bis zur nächsten Generalversammlung und könnte auch die ordentlichen Versammlungen (derzeit die außerordentlichen Generalversammlungen) organisieren. Er wäre zusammengesetzt aus 15 Bischöfen, 12 von den Synodenvätern gewählten und drei vom Heiligen Vater ernannten, welche die Katholische Kirche auf allen fünf Kontinenten repräsentieren. Über die Aufgabe der Vorbereitung der synodalen Versammlungen und die der Assistenz des Heiligen Vaters bei der Redaktion eines postsynodalen Schreibens hinaus könnte der Bischof von Rom ihm noch andere Aufgaben anvertrauen. So könnte der Heilige Vater ihn bitten, eine Fragestellung zu bearbeiten und ihm seine Meinung mitteilen. In gewisser Weise würde seine Rolle vergleichbar mit jener, die derzeit von einer Gruppe von Kardinälen erfüllt wird, die vom Heiligen Vater ausgewählt wurde (die sogenannten K 9). Das wäre nach Abschluss der Reform der Römischen Kurie weniger belastend.

Auch die Spezialräte, gewählt während der bevorzugt kontinentalen Spezialversammlungen, könnten eine größere Hilfe für den Heiligen Vater sein. Bekanntermaßen werden die Spezialräte gebildet, um den Bischof von Rom bei der Vorbereitung der Vollversammlung der Synode zu unterstützen, wie auch in der Redaktion der Nachsynodalen Apostolischen Schreiben, um dann ein besonderes Augenmerk auf deren Anwendung zu legen. Während dieses Prozesses sind besonders die Begegnungen der Mitglieder des Spezialrates mit dem Heiligen Vater wichtig, sei es in Rom, sei es im Ausland. Ausgehend von den Erfahrungen während der Pontifikate von Johannes Paul II. und Benedikt XVI. erscheint es gut, die Begegnungen des Bischofs von Rom mit den Mitgliedern des Spezialrates für die Vorbereitung der Spezialversammlung des jeweiligen Kontinentes in das Programm des Apostolischen Besuches aufzunehmen. Natürlich würde wie bisher der größte Teil dieser Begegnungen in Rom stattfinden. Diese Begegnungen sind auch noch nach der Veröffentlichung des jeweiligen postsynodalen Schreibens sinnvoll. Diesbezüglich wäre es gut, wenn die Mitglieder der genannten Spezialräte einmal im Jahr in das Generalsekretariat der Bischofssynode kämen, um über die Anwendung der synodalen Weisungen zu berichten. Bei dieser Gelegenheit könnten sie auch dem Bischof von Rom über die kirchliche und soziale Situation ihrer Kontinente Bericht erstatten. Dafür würde sich zum Beispiel ein Arbeitsessen eignen. Wenn das Thema vertiefende Studien erfordert, ist es denkbar, eine besondere Begegnung des jeweiligen Spezialrates mit dem Heiligen Vater zu organisieren.

### *6. Das Kardinalskollegium und die Bischofssynode*

Es wäre wünschenswert, die Aktivitäten des Generalsekretariates der Synode der Bischöfe und jene des Kollegiums der Kardinäle besser zu koordinieren. Der Heilige Johannes Paul II. hat festgelegt, dass der Dekan des Kardinalkollegiums an jeder Synodenversammlung als einer der vom Papst ernannten Synodenväter teilnimmt. Diese Entscheidung wird regelmäßig angewandt. Manchmal hat der Kardinaldekan auch den Generalsekretär der Bischofssynode zu den Konsistorien, den Versammlungen der Kardinäle, eingeladen, wenn es sich um eines der

Themen mit Blick auf die Aktivität der Bischofssynode handelte. Es wäre nützlich, wenn der Generalsekretär der Bischofssynode, sofern er kein Kardinal ist, regelmäßig zu den genannten Konsistorien eingeladen würde (wie es zum Beispiel bereits für die Substituten des Staatssekretariates und dem Sekretär für die Beziehungen mit den Staaten der Fall ist). Auf diese Weise würde der Generalsekretär der Bischofssynode persönlich den Rat und die Vorschläge des Kardinalskollegiums hören, das, wie die Synode der Bischöfe, eine den Obersten Pontifex beratende Rolle innehat, was bei der Koordination der Tätigkeit der Bischofssynode zu berücksichtigen wäre.

### *7. Die Entscheidungsgewalt der Bischofssynode*

Die Frage nach der Entscheidungsgewalt der Synode der Bischöfe war oft und bleibt Gegenstand der Überlegungen. Theoretisch wäre eine solche für die synodale Versammlung nach dem Errichtungsdokument *Apostolica sollicitudo* möglich.[92] Auch in der neuen Version des *Ordo Synodi Episcoporum* von 2006 gibt es diese Möglichkeit.[93] Die Theologen und Kanonisten könnten die Modalitäten einer solchen Möglichkeit studieren. Auf jeden Fall käme von den drei Arten der Synodenversammlung allein die derzeitige ordentliche Generalversammlung hierfür in Betracht (die nach dem Vorschlag zur Generalversammlung würde). Dies wäre aufgrund der höheren Anzahl der an den Synodenversammlungen teilnehmenden Synodenväter und wegen der längeren Zeit, die für Diskussionen zur Verfügung steht. Sie würden aber nur einen kleinen Teil der Bischöfe repräsentieren, etwa 250 von 5.088, die an einem Ökumenischen Konzil teilnehmen könnten. Daher müsste das Thema der bischöflichen Repräsentanz vertieft werden. Um eine Synodenversammlung mit Entscheidungsgewalt zu haben, müsste der Heilige Vater am Beginn der Arbeit deutlich den Charakter der Entscheidungsgewalt dieser Synodenversammlung erklären. Die zur Diskussion stehende Frage müsste sehr präzise und klar und dem Episkopat vor dem synodalen Treffen bekannt sein. Sie müssen tatsächlich gut von den qualifizierten Organen studiert werden (den Synoden der Katholischen-Orientalischen Kirchen *eigenen Rechts [sui iuris]*, von den Bischofskonferenzen, der Union der Generaloberen), welche mit einer Mehrheit von mindestens zwei Drittel ihre Positionen verabschieden müssten. Die von diesen Organen gewählten Bischöfe (oder Ordensleute) müssten klar die Weisungen bei ihren Abstimmungen in den Synodenversammlungen beachten. Es bleibt die Schwierigkeit, dass jeder Synodenvater im Verlauf der Diskussionen andere Gesichtspunkte kennenlernt, die derart einflussreich sind, dass er seine Meinung ändern könnte. Er müsste daher nach seinem Gewissen und seinem gereiften Urteil abstimmen, selbst wenn er dabei das Mandat seiner bischöflichen Mitbrüder oder seines Ordens nicht wörtlich respektierte. Es bestünde die Möglichkeit, den Fortgang der Synode der Bischöfe zu unterbrechen und erst dann fortzufahren, wenn die betreffenden Synodenväter sich mit ihren Mitbrüdern der Bischöfe oder Ordensleute beraten konnten. Diese Prozedur scheint ein wenig aufwändig und im Ganzen nicht ausgefeilt. In jedem Fall bleibt gültig, was der Heilige Johannes Paul II. verdienstvoll geschrieben hat: „Daß der Synode normalerweise beratende und nur in Ausnahmefällen beschließende Funktion zukommt, mindert nicht ihre Bedeutung. In der Kirche ist nämlich der Zweck eines jeden Kollegialorgans, sei es beratend oder beschließend, immer auf die Wahrheit oder auf das Wohl der Kirche ausgerichtet. Wenn es sich dann um die Feststellung des gemeinsamen Glaubens handelt, wird der *consensus Ecclesiae* nicht durch die Auszählung der Stimmen gewonnen, sondern ist Frucht des Wirkens des Geistes, der die Seele der einzigen Kirche Christi ist“[94].

### *Zusammenfassung*

Die synodale Dimension der Kirche ist auf das engste mit den beiden anderen fundamentalen Kategorien verbunden: der Comunio und der Kollegialität. Die kirchliche Gemeinschaft ist der Bereich, in dem die Synodalität ausgeübt wird, welche ihrerseits zum Ziel hat, die Gemeinschaft innerhalb der Kirche zu stärken. Die Synodalität ist eine Weise, die Kollegialität in der Gemeinschaft der Kirche auszuüben. Es handelt sich um eine hierarchische Gemeinschaft, die über das Volk Gottes hinaus das Bischofskollegium und dessen Haupt, den Bischof von Rom und Hirten der Universalkirche, beinhaltet. Der Nachfolger Petri ist „das immerwährende, sichtbare Prinzip und Fundament für die Einheit der Vielheit von Bischöfen und Gläubigen“[95]. Eine erneuerte Dynamik der Synodalität erfordert eine vertiefte kirchliche Gemeinschaft in ihren geistlichen und sichtbaren, hierarchischen Dimensionen.

Die Synodalität wie auch die kirchliche Gemeinschaft und die Kollegialität bestehen seit den Anfängen der vom Herrn Jesus Christus gewollten Kirche. Bei der Ausübung der Synodalität nimmt das Konzil von Jerusalem (vgl. Apg 15,1-35) einen wichtigen Platz ein, denn es wurde normativ für die nachfolgenden Ökumenischen Konzilien. In der Kirchengeschichte gab es verschiedene Ausprägungen von Synodalität, unter denen die Konzilien, die Diözesan- und Provinzsynoden eine besondere Rolle spielen. Das II. Vatikanische Konzil hat einen neuen Impuls für die synodale Struktur der Kirche gegeben. Besonders wichtig ist die Synode der Bischöfe, die Papst Paul VI. am 15. September 1965 gleichsam als letzte Etappe des II. Vatikanischen Konzils errichtet hat.

Nach einer kurzen Vorstellung der Natur und des Zieles der Bischofssynode, wie auch der drei Arten von synodalen Versammlungen in den vorliegenden Überlegungen wurden einige Vorschläge für eine weitere Entwicklung der Bischofssynode gemacht, die der ganzen Kirche eine neuerliche synodale Dynamik geben könnten. Dies gilt besonders für die Modifikation der außerordentlichen Generalversammlung. Sie könnte jedes Jahr für die Dauer einer Woche zu einem klar gestellten Thema und drängender Aktualität für die Kirche zusammenkommen.

Vorzusehen wäre eine vereinfachte Vorbereitung, wie auch ein kurzes Abschlussdokument. Da es sich um eine häufiger zusammentretende Synodenversammlung handelte, könnte man sie ordentliche Generalversammlung nennen. Alle fünf Jahre könnte in feierlicher Form eine synodale Versammlung, eine ordentliche Generalversammlung stattfinden. Wenn die außerordentliche Generalversammlung zur ordentlichen würde, könnte ihre Bezeichnung Generalversammlung sein. Ihre Form bliebe unverändert bestehen, wozu die Vorbereitungsdokumente, die *Lineamenta* und das *Instrumentum laboris*, wie auch ein kurzes Nachsynodales Apostolisches Schreiben gehören. Es erscheint angebracht, regelmäßig Spezialversammlungen, besonders die kontinentalen, alle 10 bis 15 Jahre durchzuführen. Sie fänden normalerweise in Rom statt, doch man könnte auch die Möglichkeit einer Versammlung an der Peripherie in Betracht ziehen. Somit wäre die jährliche Synodenversammlung denkbar, bevorzugt die der ordentlichen Versammlung. Wenn es keine schwerwiegenden Fragen dringlich zu erörtern gibt, könnte man sie in dem Jahr auslassen, wo es eine General- oder Spezialversammlung gibt. Es wird vorgeschlagen, als

Dokumente der Vorbereitung der betreffenden Versammlungen die vollständigen oder teilweisen Texte (z.B. ein besonders bedeutendes Kapitel) der Nachsynodalen Apostolischen Schreiben zu verwenden, die bereits veröffentlicht wurden.

Die ordentlichen Räte oder die Spezialräte der Synodenversammlungen könnten höher geschätzt sein. Über die Vorbereitung einer Versammlung und ihrer Assistenz für den Heiligen Vater bei der Redaktion des nachsynodalen Dokumentes hinaus, könnte sie der Römische Pontifex mit anderen Aufgaben beratender Natur zu den wichtigen Themen des Lebens der Kirche in der heutigen Welt betrauen.

Für eine bessere Koordination der Tätigkeiten wäre es nützlich, die Zusammenarbeit zwischen dem Sekretariat der Bischofssynode und des Kardinalkollegiums, jener zwei vornehmlich beratenden Organe des Heiligen Vaters, zu verstärken.

Die rechtlichen Normen sehen die Möglichkeit einer Synodenversammlung mit Entscheidungsgewalt vor. Selbst wenn die Bedeutung der Synodenversammlung in ihrer beratenden Natur unterstrichen wird, gibt es einige Beobachtungen auch zu dieser Möglichkeit.

Diese Überlegungen haben die Absicht, die Diskussion über eine weitere Entwicklung der Tätigkeit der Bischofssynode anzuregen, eines wichtigen Teils des synodalen Prozesses, der vom Heiligen Vater Franziskus im Zusammenhang mit der kirchlichen Gemeinschaft und der bischöflichen Kollegialität in der katholischen Kirche gewollt ist. Sie könnten auch dazu beitragen, die Hoffnung von Papst Franziskus auf ein gemeinsames Vorangehen von „Laien, Hirten und des Bischofs von Rom" zu verwirklichen, um „eine synodale Kirche" aufzubauen, „die eine Kirche des Zuhörens" ist „in dem Bewusstsein, dass das Zuhören ‚mehr ist als das Hören'"; wobei die Bischofssynode „der Sammelpunkt dieser Dynamik des Zuhörens" ist, „der auf allen Ebenen des Lebens der Kirche gepflegt wird"[96].

## *Anmerkungen*

[1] Franziskus, *Die Bischofssynode ist der Sammelpunkt der Dynamik des Zuhörens*, Ansprache zur Feier zum 50. Jahrestag der Errichtung der Bischofssynode, 17. Oktober 2015, *L'Osservatore Romano*, Wochenausgabe in deutscher Sprache, 44, 30.10.2015, 7.

[2] Für eine Zusammenschau der Begriffe κοινωνία und κοινωνέως siehe Josef Hainz, *Exegetisches Wörterbuch zum Neuen Testament*, Hrsg. Horst Balz und Gerhard Schneider, Stuttgart, 2011, 3. durchgesehene Auflage, 749-755.

[3] *Nota explicativa praevia*, 2.

[4] II. Außerordentliche Generalversammlung, *Rapporto finale Exeunte coetu secundo* (7.12.1985) in: *Enchiridion del Sinodo dei Vescovi*, vol. 1, EDB, Bologna 2005, 2323.

[5] *Ebd.*, 2323.

[6] *Ebd.*, 2335.

[7] *Ebd.*, 2325.

[8] Das Schreiben beginnt mit folgender Feststellung: „Der Begriff Communio-Gemeinschaft (koinonía), dem schon in den Texten des Zweiten Vatikanischen Konzils eine erhebliche Bedeutung zukommt (1), bringt den tiefen Kern des Geheimnisses der Kirche sehr gut zum Ausdruck und vermag zweifelsohne eine Schlüsselrolle im Bemühen um eine erneuerte katholische Ekklesiologie zu spielen (2)“. Kongregation für die Glaubenslehre, *Communionis notio* (28. Mai 1992), 1: *AAS* 85 (1993), 839. Die erste Fußnote des Dokumentes erwähnt verschiedene Dokumente des II. Vatikanischen Konzils. In der zweiten bezieht man sich auf die Synode der Bischöfe, Außerordentliche Versammlung (1985), *Relatio finalis, II, C*, 1 (vgl. Anmerkung 4).

[9] *Ebd.*, 3, 839.

[10] *Ebd.*, 8, 842.

[11] *Ebd.*, 11, 844.

[12] II. Vatikanisches Konzil, Dogmatische Konstitution über die Kirche *Lumen gentium*, 18.

[13] In den Schriften des Neuen Testamentes finden sich vier Listen der Zwölf: Mt 10,2-4; Mk 3,16-19; Lk 6,14-16 und in Apg 1,13, wo die Elf genannt werden nach dem Tod des Verräters Judas. Der Heilige Matthias wurde nach seiner Wahl zum Apostel den Elf zugerechnet (vgl. Apg 1,26).

[14] II. Vatikanisches Konzil, Dogmatische Konstitution *Lumen gentium,* 22.
[15] *Relatio Elapso oecumenico Concilio de parte doctrinali* (13. Oktober 1969), in: *Enchiridion del Sinodo dei Vescovi 1965-1988*, EDB, 2005, 386-411.
[16] Johannes Paul II., Nachsynodales Apostolisches Schreiben *Pastores gregis*, 8.
[17] Luigi Chiappetta, *Il Codice di Diritto Canonico, Commento giuridico-pastorale I*, III. edizione, EDB, Bologna 2011, 433.
[18] Es gibt eine reiche Fülle an Literatur zur Synodalität in der Katholischen Kirche. Die verschiedenen Titel werden aufgezeigt von Pio Zuppa in*: La pratica sinodale per la vita della Chiesa: situazione, sollecitazioni e prospettive. Dossier Chiesa e sinodalità,* Associazione Teologia Italiana, a cura di Giovanni Ancona, Editrice Velar, Gorle, Bg, 2005, 181-329.
[19] Die Synodalität verwirklicht sich auf verschiedene Weise in den anderen Kirchen und christlichen Gemeinschaften: Vgl. Severino Dianich, *Sinodalità*, in: *Teologia, Dizionario San Paolo*, a cura di Giuseppe Barbaglio, Gianpietro Bof, Severino Dianich, San Paolo, Cinisello Balsamo, Milano, 2002, 1522-1531. Siehe auch Nikola Eterović, *Biskupska Sinoda – Razvitak sinodalnosti u Crkvi*, in: Crkva u svijetu, 41 (2006), br. 4, Split, 411-442.
[20] Der Begriff findet sich 90-mal im Neuen Testament und nur 11-mal außerhalb der Evangelien. „Insgesamt beziehen sich 73 von 90 Belegen des Vb. (Verbums – Anm. d. Verf.) auf die Nachfolge Jesu (bzw. Christi)“ *Exegetisches Wörterbuch zum Neuen Testament*, Hrsg. Horst Balz und Gerhard Schneider, Stuttgart, 3. durchgesehene Auflage, 2011, 117-124, 118.
[21] II. Vatikanisches Konzil, Dogmatische Konstitution *Lumen Gentium,* 10. In *Lumen Gentium* Nr. 11 wird zum gemeinsamen Priestertum genauer ausgeführt, wie es durch die Sakramente und die Tugenden ausgeübt wird.
[22] II. Vatikanisches Konzil, Dogmatische Konstitution *Lumen gentium,* 12.
[23] Franziskus, Apostolisches Schreiben *Evangelii gaudium*, 119.
[24] Vgl. Severino Dianich, *Sinodalità* (Anmerkung 19).
[25] *Didachè*, 16,2.

[26] Giovanni Mazziello, *Nodi storici ed ecclesiologici della prassi sinodale*, in*: Dossier Chiesa e sinodalità*, 126.
[27] Die Konzilien kann man in drei Kategorien einteilen: Die ersten acht: das 1. Konzil von Nicäa im Jahre 325, das 1. Konzil von Konstantinopel von 381, von Ephesus im Jahr 431, das Konzil von Chalcedon in 451, das 2. Konzil von Konstantinopel im Jahr 553 und das 3. in Konstantinopel von 680 bis 681, das 2. Konzil von Nicäa im Jahr 787, das 4. Konzil von Konstantinopel von 869-870. Insofern sie vom Kaiser einberufen wurden, kann man sie die „kaiserlichen Konzilien" nennen. Sie wurden im Osten und ohne Präsenz der Päpste abgehalten. Die Päpste hingegen haben sieben Konzilien im Mittelalter einberufen: 4 Laterankonzilien in den Jahren 1123, 1139, 1179 und 1215, zwei Konzilien von Lyon von 1245 und 1274, das Konzil von Wien im Jahre 1312, von Konstanz von 1414 bis 1418. Zu diesen muss man 6 Konzilien von der Renaissance bis zur Moderne hinzufügen: das Konzil von Basel 1437, (Ferrara 1437-1439, Florenz 1438, Rom 1442-1445), das 5. Laterankonzil von 1512-1517, das Konzil von Trient von 1545-1563 und die beiden letzten Konzilien im Vatikan, das 1. Vaticanum von 1869-1870 und das 2. Vaticanum von 1962-1965. Vgl. Luigi Chiapetta, *Il Codice di Diritto Canonico, Commento giuridico pastorale*, a.a.O., 433-434.
[28] Diesbezüglich führt der *Kodex des Kanonischen Rechts* (in der Folge *CIC* genannt) in can. 341 aus: „§ 1. Dekrete des Ökumenischen Konzils haben Rechtsverbindlichkeit nur, wenn sie zusammen mit den Konzilsvätern vom Papst genehmigt, von diesem bestätigt und auf seine Anordnung hin promulgiert worden sind. § 2. Der gleichen Bestätigung und Promulgation bedürfen zu ihrer Rechtsverbindlichkeit Dekrete des Bischofskollegiums, wenn es gemäß einer anderen vom Papst eingeführten oder frei angenommenen Weise einen im eigentlichen Sinne kollegialen Akt setzt". Vgl. auch can. 54 des *Kodex des Rechts der Orientalischen Kirchen (CCEO)*.
[29] II. Vatikanisches Konzil, Dekret über die Hirtenaufgabe der Bischöfe *Christus Dominus*, 36.
[30] *Ebd.,* 36.

[31] „Diese Heilige Ökumenische Synode wünscht, dass die ehrwürdigen Einrichtungen der Synoden und Konzilien mit neuer Kraft aufblühen; dadurch soll besser und wirksamer für das Wachstum des Glaubens und die Erhaltung der Disziplin in den verschiedenen Kirchen, entsprechend den Gegebenheiten der Zeit, gesorgt werden“ (*Christus Dominus,* 36).

[32] *Ebd.*, 37.

[33] Der *CIC* bezieht sich in den cann. 447-459, die sich mit den Bischofskonferenzen beschäftigen, auf das Dekret *Christus Dominus*, besonders auf Nr. 36 und 37.

[34] Vgl. Luigi Chiappetta, *Il Codice di Diritto Canonico I* (Anmerkung 17), 587.

[35] Vgl. Joseph Galea-Curmi, *The Diocesan Synod as a Pastoral Event. A Study of the Post-Conciliar Understanding of the Diocesan Synod*, Pontificia Università Lateranense, Roma 2005, 6.

[36] *Ebd.*, 9.

[37] *Ebd.*, 10ff.

[38] Vgl. II. Vatikanisches Konzil, Dekret *Christus Dominus*, 36.

[39] Vgl. *CIC*, can. 461 § 1.

[40] Vgl. *CIC*, can. 466.

[41] Vgl. Luigi Chiapetta, *Il Codice di Diritto Canonico I* (Anmerkung 17), 592.

[42] So wird zum Beispiel im Dekret des II. Vatikanischen Konzils über das Laienapostolat *Apostolicam actuositatem* ausgeführt: „In den Diözesen sollen nach Möglichkeit beratende Gremien eingerichtet werden, die die apostolische Tätigkeit der Kirche im Bereich der Evangelisierung und Heiligung, im caritativen und sozialen Bereich und in anderen Bereichen bei entsprechender Zusammenarbeit von Klerikern und Ordensleuten mit den Laien unterstützen. Unbeschadet des je eigenen Charakters und der Autonomie der verschiedenen Vereinigungen und Werke der Laien werden diese Beratungskörper deren gegenseitiger Koordinierung dienen können. Solche Gremien sollten, soweit wie möglich, auch auf pfarrlicher, zwischenpfarrlicher und interdiözesaner Ebene, aber auch im nationalen und internationalen Bereich geschaffen werden“ (AA 26).

[43] Vgl. Franziskus, *Ansprache bei der 50-Jahr-Feier der Errichtung der Bischofssynode* am 17. Oktober 2015 (Anmerkung 1).
[44] Vgl. *CIC*, can. 473 § 4.
[45] Vgl. *CIC*, cann. 495-501.
[46] Vgl. *CIC*, can. 502.
[47] Vgl. *CIC*, cann. 503-510.
[48] Vgl. *CIC*, cann. 511-514.
[49] Vgl. *CIC*, can. 536.
[50] Vgl. *CIC*, cann. 492-494.
[51] Vgl. *CIC*, can. 537.
[52] Vgl. *CIC*, cann. 439-446.
[53] Franziskus, Apostolisches Schreiben *Evangelii gaudium*, 32. Der Papst zitiert aus der Dogmatischen Konstitution *Lumen gentium*, 23.
[54] *Ebd.* und vgl. Franziskus, *Ansprache bei der 50-Jahr-Feier der Errichtung der Bischofssynode* am 17. Oktober 2015 (Anmerkung 1).
[55] Vgl. *CIC*, cann. 338-341.
[56] Vgl. *CIC*, cann. 360-361. Für die Römische Kurie gilt die Apostolische Konstitution *Pastor bonus* von Papst Johannes Paul II. vom 28.06.1988. Das Dokument befindet sich derzeit in der Phase der Revision.
[57] Die das Kardinalskollegium betreffenden Kanones finden sich im *CIC* cann. 349-359.
[58] *CIC*, can. 349.
[59] Johannes Paul II., *Ansprache an den Rat des Generalsekretariates der Bischofssynode* (30. April 1983), 3: *AAS 75* (1984) 648-651.
[60] Im Gebrauch des Begriffes *Synode* gibt es eine gewisse Mehrdeutigkeit, sei es in den Kirchen der orientalischen Tradition, sei es in jenen der okzidental lateinischen. In den orientalischen Kirchen sind mit dem Wort Synode verschiedene kirchliche Versammlungen gemeint, besonders auch jene, die nach dem Kodex des Kanonischen Rechts der lateinischen Tradition Konzilien genannt werden. Auch in der christlich-lateinischen Tradition werden mit dem Begriff Synode im ursprünglichen Sinne jene kirchlichen Treffen genannt, bei

denen Entscheidungen über die Lehre und die kirchliche Disziplin getroffen werden. Um Verwechslungen zu vermeiden, wurde im Jahre 1957 eine offizielle Interpretation zum Gebrauch des Begriffes Synode eingeführt. Im strengen Sinne ist er auf die Versammlungen auf der Diözesanebene anzuwenden, während *Konzil* ein terminus technicus für Versammlungen universaler und ökumenischer Natur ist. Vgl. Juan Ignacio Arrieta, *El Sinodo de los Obispos*, Ediciones Universidad de Navarra, S.A., Pamplona 1987, 32-34. Mit häufigen Versammlungen der Bischofssynode ist zu hoffen, dass sich diese Terminologie ohne Mehrdeutigkeit anwenden lässt.

[61] II. Vatikanisches Konzil, Dekret *Christus Dominus*, 5.

[62] II. Vatikanisches Konzil, Dekret *Ad gentes*, 29.

[63] Paul VI., Apostolisches Schreiben Motu Proprio *Apostolica sollicitudo* (15. September 1965): *AAS 57* (1965), 775.

[64] *Ebd.*, 775.

[65] Paul VI., *Ansprache zu Beginn der Arbeit in der Synodenaula*, 30. September 1967, in: *Enchiridion del Sinodo dei Vescovi* I, 1965-1988, Edizioni Dehoniane, Bologna, 2005, 183.

[66] Vgl. *Ordo Synodi Episcoporum: AAS 98* (2006), 755-779.

[67] *Ebd*, 755.

[68] Vgl. *Annuario Pontificio per l'anno 2016*, Libreria Editrice Vaticana, Città del Vaticano 2016, 1136.

[69] Vgl. Paul VI., Apostolisches Schreiben Motu prorprio *Apostolica sollicitudo* II, (Anmerkung 63); *CIC* can. 343.

[70] Aus der Fülle der Literatur über die Bischofssynode seien folgende Veröffentlichungen aufgeführt: Giovanni Caprile, *Il Sinodo dei Vescovi*, Edizioni La Civiltà Cattolica, Roma 1968; *Il Sinodo dei Vescovi. Natura-Metodo-Prospettive*, Libreria Editrice Vaticana, a cura di Jozef Tomko, Roma 1985; Juan Ignacio Arrieta, *El Sínodo de los Obispos*, Ediciones Universidad de Navarra, S. A., Pamplona 1987; Paul VI., *Il Sinodo dei Vescovi. Interventi e documentazione*, a cura dell'Istituto Paolo VI, Edizioni Studium, Roma 1992; François Dupré, *Le Synode des Evêques et la Collégialité*, Parole et Silence, Malesherbes 2004; *Il Sinodo dei Vescovi. 40 anni di*

*storia 1965-2005*, (Hrsg. Nikola Eterović), Lateran University Press, Roma 2006; *Sinodo dei Vescovi. 50° Anniversario 1965-2015,* (Hrsg. Lorenzo Baldisseri), Libreria Editrice Vaticana, Città del Vaticano 2016; *A cinquant'anni dell'Apostolica sollicitudo. Il Sinodo dei Vescovi al servizio di una Chiesa sinodale*, (Hrsg. Lorenzo Baldisseri), Libreria Editrice Vaticana, Città del Vaticano 2016. Für die Bibliographie in deutscher Sprache siehe: Helmut Finzel, *Die Bischofssynode. Zwischen päpstlichem Primat und bischöflicher Kollegialität*, Kanonistische Reihe, Band 27, herausgegeben von Elmar Güthoff, Stephan Haering, Helmuth Pree, EOS Varlag, Sankt Ottilien 2016. Für die Sammlung der Dokumente der Bischofssynode siehe: *Enchiridion del Sinodo dei Vescovi*, Vol. I (1965-1988), II (1989-1995), III (1996-2007) (bearbeitet vom Sekretariat der Bischofssynode), Edizioni Dehoniane, Bologna 2005, 2006, 2008. Zu einzelnen Synoden siehe *La Civiltà Cattolica* von 1967 bis 2005 (13 Bände); Lateran University Press für die ordentlichen Generalversammlungen der Synode von 2001, 2005 und 2008; Libreria Editrice Vaticana für die Synodenversammlungen von 2014 und 2015.

[71] Der Kanon 344 im *CIC* legt klar die Vorrechte des Heiligen Vaters fest, dessen Autorität die Bischofssynode direkt untersteht. „Die Bischofssynode untersteht direkt der Autorität des Papstes, dessen Sache es näherhin ist:

1° die Synode einzuberufen, sooft es ihm angebracht erscheint, und den Tagungsort zu bestimmen;

2° die Wahl jener Synodalen, die nach Maßgabe von besonderem Recht zu wählen sind, zu bestätigen sowie andere Synodalen zu bestimmen und zu ernennen;

3° die Verhandlungsgegenstände in angemessener Frist nach Maßgabe von besonderem Recht vor Beginn der Synodalversammlung festzulegen;

4° die Tagesordnung zu bestimmen;

5° der Synode persönlich oder durch andere vorzusitzen,

6° die Synode selbst zu schließen, zu verlegen, zu unterbrechen und aufzulösen".

[72] Paul VI., Apostolisches Schreiben Motu proprio *Apostolica sollicitudo* II,1 b (Anmerkung 63).

[73] *Ebd.*, II, 1 c.

[74] *Ebd.*, II, 2 a und b.
[75] In Artikel VII wird unter anderem festgelegt, dass auch andere Personen ohne Stimmrecht mit dem Titel von Experten, Hörern, brüderlichen Delegierten zur Synode eingeladen werden können.
[76] *CIC,* can. 345.
[77] *CIC,* can. 345.
[78] Vgl. Nr. V, VI und VII (Anmerkung 63).
[79] Vgl. Kapitel IV (Anmerkung 66).
[80] *CIC*, can. 346 § 2.
[81] „In den letzten Jahren hat sich in der Kirche die synodale Bewegung kräftig weiterentwickelt. Es treffen Informationen über die Veranstaltung vieler Diözesan-, Provinz- oder Nationalsynoden ein. Besondere Aufmerksamkeit verdienen aber die kontinentalen Synoden", Johannes Paul II., Ansprache an die Kardinäle zum außerordentlichen Konsistorium (13. Juni 1994), *L'Osservatore Romano*, Wochenausgabe in deutscher Sprache, 25, 24.06.1994, 8.
[82] Franziskus, *Die Bischofssynode ist der Sammelpunkt der Dynamik des Zuhörens*, Ansprache zur Feier zum 50. Jahrestag der Errichtung der Bischofssynode (Anmerkung 1), 7.
[83] *Ebd.*, 7.
[84] *Ebd.*, 7.
[85] Paul VI., Apostolisches Schreiben Motu proprio *Apostolica sollicitudo* (Anmerkung 63), Vorwort.
[86] Eine weitere Neuauflage des Ordo Synodi Episcoporum wird geprüft, wie zu erfahren ist von: Klaus Schatz SJ, *La sinodalità come caratteristica essenziale della Chiesa, Un seminario di esperti (6-9 febbraio 2016*), La Civilta Cattolica 2016, IV, 165-175, 3992 (ottobre 2016).
[87] Vgl. Nikola Eterović, *Joseph Ratzinger Benedetto XVI e il Sinodo dei Vescovi*, Libreria Editrice Vaticana, Città del Vaticano 2014.
[88] Für die außerordentliche Generalversammlung sieht der *Ordo Synodi Episcoporum* in Art. 5 § 2 d (Anmerkung 66) drei Vertreter vor. Vgl. *Apostolica sollicitudo*, VI 1.d (Anmerkung 63).

[89] Hierzu wird in Artikel 5 § 4 des *Ordo Synodi Episcoporum* (Anmerkung 66) ausgeführt: „An den Synodenversammlungen nehmen auch die Mitglieder, Bischöfe oder Ordensleute in Vertretung der klerikalen Ordensinstitute oder auch kirchliche Experten, teil, die vom Römischen Pontifex ernannt worden sind, bis 15% der Gesamtzahl der Mitglieder".

[90] Aufgrund der Spezialversammlungen in Vorbereitung auf das Heilige Jahr 2000 gab es zwischen der IX. und X. Ordentlichen Generalversammlung der Bischofssynode eine Distanz von sieben Jahren (1994-2001).

[91] Vgl. Nikola Eterović, *Sinodi continentali. I Consigli Speciali del Sinodo dei Vescovi*, Libreria Editrice Vaticana, Città del Vaticano 2013.

[92] Paul VI., Apostolisches Schreiben Motu proprio *Apostolica Sollicitudo*, II (Anmerkung 63). Auch der *CIC* sieht das in can. 343 vor.

[93] *Ordo Synodi Episcoporum*, Art 1 und 1,8° (Anmerkung 66).

[94] Johannes Paul II., Nachsynodales Apostolisches Schreiben *Pastores gregis*, 58. Vgl. auch das Vorwort des *Ordo Synodi Episcoporum* vom 29. September 2006 (Anmerkung 66).

[95] II. Vatikanisches Konzil, Dogmatische Konstitution *Lumen Gentium*, 23.

[96] Papst Franziskus, *Die Bischofssynode ist der Sammelpunkt der Dynamik des Zuhörens*, Ansprache zur Feier zum 50. Jahrestag der Errichtung der Bischofssynode (Anmerkung 1).

## Zum Autor

**Erzbischof Dr. Nikola Eterović** wurde am 20. Januar 1951 in Pučišća, Insel Brač (Kroatien) geboren. Am 26. Juni 1977 wurde er zum Priester geweiht und im Jahre 1999 zum Apostolischen Nuntius in der Ukraine ernannt. Seine Bischofsweihe fand am 10. Juli 1999 statt. Von 2004-2013 war er Generalsekretär der Bischofssynode in Rom.

Seit 2013 ist er Apostolischer Nuntius in der Bundesrepublik Deutschland.